ALBERTO PAPA

A UN AFFARE DAL SUCCESSO

Come Guadagnare Con Gli Immobili
Con Il Metodo Scientifico Immobiliare®

Titolo

"A UN AFFARE DAL SUCCESSO"

Autore

Alberto Papa

Editore

Bruno Editore

Sito internet

http://www.brunoeditore.it

Sommario

Introduzione

Da quando ho iniziato la mia attività di trading con gli immobili, nel 2008, ho frequentato tutti i seminari attualmente presenti sul mercato, acquistato libri e corsi, approfondito i consigli dei vari Guru di ogni genere e sorta.

Solo allora ho capito che al di là dei consigli e delle strategie, delle raccomandazioni e delle guide, mancava sempre qualcosa. La riprova di questo pensiero che mi ronzava nella mente era l'osservazione degli "studenti" che uscivano da questi percorsi formativi: il 95% di loro non ottenevano alcun tipo di risultato e nemmeno proseguivano l'attività insegnata.

Cosa era successo dalla teoria alla pratica? Cosa avveniva dal momento dell'intento a quello dell'azione vera e propria? Semplicemente quindi, mi sono fermato a pensare di cosa esattamente avesse bisogno un principiante imprenditore immobiliare per iniziare, perseguire e proseguire la sua attività.

Semplicemente perché ci ero passato io per primo, a differenza di molti che vivono solo formazione, io ho sempre operato giorno per giorno (e molte notti) in prima linea, conoscendo esattamente tutte le problematiche che si presentano, degli ostacoli e delle sfide che vanno affrontate giornalmente, e che non sono in alcun modo conoscibili senza una vera attività sul campo.

"Ma se guadagni così tanto dalle operazioni perché non smetti?" "Se tu avessi guadagnato davvero quelle cifre vivresti in vacanza!" "Se davvero funzionassero i tuoi metodi li terresti solo per te!" Domande e osservazioni che mi vengono poste spesso e che hanno un'unica risposta: perché amo quello che faccio.

Amo poggiare i palmi delle mani sulle mura di una casa, e sentire la sensazione dell'intonaco fresco, l'odore della vernice appena passata, il tatto di una piastrella liscia o porosa, la filosofia estetica di un look da donare, il brivido delle trattative, la soddisfazione delle conclusioni *win-win,* dove non c'è un unico vincitore ma dove i vincitori sono tutti. Probabilmente tutto questo può essere riassunto con una parola sola: passione. Pura e semplice.

Se dovessi definirmi con una sigla, mi piacerebbe farlo in maniera netta e contrapposta al "Guru", con un più concreto "Do-ru" (pronunciato Du-ru) dall'inglese "Do" che significa "Fare" e non solo insegnare. Qualcosa di concreto e pratico, che vada oltre le definizioni da manuale delle giovani marmotte.

In particolare, mi rendevo conto di come molti concetti fossero in qualche modo "calati dall'alto" da una qualsivoglia autorità (Guru appunto) ma senza reali verifiche sperimentali, senza un vero metodo. O ancor peggio si definisce una tal cosa vera perché semplicemente "si è sempre fatto così", che considero la più pericolosa delle affermazioni e che ha frenato lo sviluppo e l'ingegno per secoli nella storia dell'umanità.

Ecco perché ho riassunto tutti i bisogni di chi si approccia a questo mondo, tutte le necessità e le ho messe insieme, come in un grande puzzle. Ho creato il primo incubatore e acceleratore per imprenditori immobiliari esistente sul mercato. Ovvero un sistema di programmi che includono servizi professionali, studiati appositamente per la crescita degli imprenditori in immobili in maniera efficace e in tempi rapidi, anche partendo senza capitali propri.

Dallo sviluppo delle competenze professionali da quelle base fino a quelle più evolute ed inedite, a sistemi e opportunità di finanziamento alternative. In questi anni ho sviluppato e personalizzato le tecniche più avanzate esistenti sul mercato per acquisire immobili a prezzo fortemente scontato e poterle rivendere in tempi brevi generando margini impensabili al grande pubblico, e l'ho fatto partendo assolutamente da zero, senza aiuti di parenti, senza capitali o spinte di chiunque.

Questo libro ti svelerà le tecniche e il metodo che mi hanno permesso di generare profitti netti a sei zeri, partendo senza capitali e in pochi anni, potendo cambiare radicalmente la mia vita, e vivere esperienze che un tempo potevo solo sognare. Non si tratta di "come comprarsi la Ferrari o l'elicottero in pochi passi", ma di renderci liberi economicamente parlando, di generare entrate costanti superiori alle nostre uscite, di poter scegliere il lavoro che ci appassiona, di vivere realmente la vita che vogliamo.

Non solo ho fornito delle risposte e rivelato le mie tecniche, ma su queste ho creato e adattato un vero e proprio metodo universale applicabile al mondo dell'imprenditoria immobiliare, il metodo che rivoluziona completamente l'approccio classico, lavorando esclusivamente sui risultati e le verifiche dei risultati.

Probabilmente per qualcuno questo potrebbe essere uno dei tanti libri sul denaro, e sul "fare soldi in poche semplici mosse". Ma sebbene imparerai tecniche avanzate di investimento attraverso questa lettura, c'è molto, molto di più. È un testo che in qualche modo, ha a che fare con una visione, e di rendere questa visione realtà.

La realizzazione della vita che hai sempre voluto avere, dei tuoi sogni e i tuoi desideri che non hai mai avuto il coraggio di tirare fuori dal cassetto. Il potere e la cognizione secondo cui si può trasformare un intangibile impulso mentale in ricompense materiali ed emotive, con l'applicazione di alcuni importanti principi e regole da seguire.

Una volta assimilatati e fatti nostri questi principi, non abbiamo bisogno di denaro per iniziare, come posso testimoniare in prima persona. Abbiamo già dentro di noi tutto ciò che ci serve. Un po' come un medico che prescrive la diagnosi per il paziente e ne determina la cura.

L'ho chiamato Metodo Scientifico Immobiliare. Un metodo che unisce due mondi apparentemente lontani ma in realtà incredibilmente vicini, la scienza e l'imprenditoria immobiliare, la scienza dei numeri.

Capitolo 1:
Come sviluppare una mentalità imprenditoriale

La mia storia

Quando la spessa porta di legno si chiuse dietro di me ancora non realizzai completamente cosa era successo, mi ritrovai nell'androne delle scale e improvvisamente a correre con tutta la forza che avevo nelle gambe, rischiando seriamente di rompermi qualcosa, scendendo le scale di marmo bianco a tre a tre, con il cuore che pareva scoppiare battendo all'impazzata, un'energia sconfinata e incontenibile che volevo liberare e condividere con tutto il mondo mi pervase.

Quando arrivai fuori, nella maestosa piazza Cordusio, circondato da quei palazzi maestosi e intrisi di storia come testimoni e giudici della mia impresa, mi sentii il padrone del mondo, come se tutto in quel momento fosse possibile. Dopo tante settimane di studio e di fatiche e di tentativi, finalmente ero riuscito ad aggiudicarmi la mia prima asta immobiliare.

Fu un'asta deserta, quelle che si sognano nel profondo ma non si ha il coraggio di sperare perché la possibilità che si avveri è troppo piccola e la paura di rimanere delusi è troppo grande. Eppure, mi ritrovai lì, nel cuore della mia Milano pulsante, nelle strade brulicanti e fra quelle case che tanto amavo, con le braccia allargate quasi ad abbracciare la città tutta, così felice di avercela finalmente fatta, sicuro che adesso che avevo realizzato il mio primo passo verso la libertà, tutti i problemi sarebbero stati solo un ricordo lontano.

Nemmeno lontanamente avrei potuto immaginare il precipizio in cui mi sarei ritrovato solo alcune settimane dopo. Per dovizia di cronaca, devo premettere che partecipai a quell'asta immobiliare versando una cauzione e racimolando tutti i miei risparmi, che faticosamente guadagnai col lavoro del tempo di venditore. Erano 7.700 euro e mi sembravano tutti i soldi del mondo.

Vengo da una famiglia modesta, senza patrimoni da gestire o somme ereditate, e quei 7.700 euro erano per me davvero sudati e guadagnati faticosamente euro per euro. Erano il biglietto per il riscatto sociale, per offrire a me e alla mia famiglia la tanto sognata libertà finanziaria, il primo passo di una lunga serie di operazioni.

Ma a volte nella vita tanto più si sale tanto più si può scendere, ed è quello che successe quando nelle settimane successive, nonostante avessi bussato tutte le porte possibili e immaginabili, non riuscii a trovare nessuno che avesse fiducia in me e mi aiutasse finanziariamente nell'operazione.

I giorni scorrevano veloci e incassavo solamente risposte negative. Mi servivano almeno 77.000 euro o avrei perso i miei 7.700 euro. Nemmeno le banche volevano finanziarmi perché ero giovane, senza garanzie e senza contratto. I giorni a disposizione finirono. Ero nel più totale sconforto. Se prima mi sentivo sul tetto del mondo, ora, mi trovavo sul fondo del precipizio, senza un soldo e senza speranza.

Così partì la mia prima esperienza immobiliare. Certamente questo poteva bastare a mettere ko molte persone, o quantomeno poteva bastare a far odiare per sempre l'immobiliare e i suoi sogni di gloria.

Eppure, quello fu solo l'inizio, il più grande insegnamento che mi ha dato questo settore e che mi sento di trasferire a te che leggi: quando tutto sembra finito e senza speranza, ricorda che da quel punto puoi solo risalire, questa volta più forte di prima, più forte che mai.

Guardandomi indietro posso con certezza affermare che partire da zero, e quando dico zero intendo davvero zero, sia una grande fortuna. Quando parti senza nulla, il tuo focus è totale: sai che non hai scelta, o riesci o perisci. Rispetto a chi ha già dei capitali "ereditati", chi parte da zero ha una determinazione e risolutezza ostinata impensabile per chiunque altro.

Inoltre, chi parte da nulla ha molto spesso un valore dei soldi molto più cosciente. Avrà una gestione del denaro molto più oculata, sarà più attento a cosa spende e cosa guadagna, perché sa che non può sbagliare, e ha bene in mente cosa significa non avere niente. Hai solo un proiettile nella canna della pistola e se sbagli, ritornerai al punto di partenza, e risalire sarà ogni volta più arduo. Per questo motivo la prima cosa che mi sento di consigliarti è: vietato sbagliare la prima.

La prima operazione che affronterai sarà la più impegnativa in assoluto, la più carica di significati, di aspettative e soprattutto di difficoltà. È tutto nuovo, la materia è sconfinata, e abbraccia più discipline, dal giuridico all'amministrativo, al contabile al catastale, dalle tecniche di persuasione a quelle psicologiche, e molte altre.

Soprattutto se hai pochi capitali, sbagliare la prima potrebbe essere letale per il proseguo della tua carriera di investitore immobiliare: trovarsi senza un soldo o bloccato in un'operazione che non si vende per anni distruggerà il tuo morale e molto probabilmente ti fare desistere dal continuare. Ti butterai su un altro settore, perché assocerai all'immobiliare solo negatività ed energia distruttiva, quello che alcuni chiamano "ancoraggio negativo".

Come evitare di sbagliare quindi? Il mio consiglio per la prima (o per le prime operazioni), è di farsi accompagnare da una persona esperta che ti segua o quantomeno ti supervisioni per tutta l'operazione. Probabilmente dovrete pagare qualcosa, ma potrebbe costarvi infinitamente di più non farlo.

Inoltre, avrete un grande vantaggio sulla velocità: quanto velocemente potete imparare facendo tutto da soli e quanto conta avere accanto qualcuno che vi anticipa gli errori in cui potreste inciampare?

Se volete imparare a sciare, dovrete avere un maestro di sci che vi segua. Se vorrai avere più muscoli, un personal trainer, e se vorrai mettere il turbo alle operazioni immobiliari, trova il tuo mentore e fatti seguire da lui, copia passo-passo quello che lui ha fatto e solo così potrai ottenere i risultati che ha ottenuto il tuo mentore.

I risultati sono il frutto delle azioni. La differenza tra te e il tuo mentore sono le azioni che lui ha fatto e tu non ancora. Ripetile, imitale e sarai il suo clone.

Il senso di questo libro è proprio questo: fornire un manuale schematico ed essenziale che riassuma quegli strumenti fondamentali per iniziare l'attività di imprenditore e operatore immobiliare, un mestiere che non viene certo insegnato a scuola, così ricco di insidie e trappole, ma che è anche occasione di riscatto sociale, di libertà finanziaria, di crescita economica esponenziale con la possibilità di farlo secondo precisi valori, con la prospettiva di trovare una soluzione vincente e vantaggiosa per tutte le parti e non solo per una sola.

Quando il vantaggio e la soddisfazione sono condivisi ed estesi, la crescita diventa vertiginosa, interiore ed economica di pari passo. Siamo cresciuti andando a scuola, ci hanno insegnato ad arrivare in orario, a rispettare la campanella, a fare i compiti, a ripetere meccanicamente le lezioni a memoria, a seguire rigide regole e sanzionati se non rispettate.

Sostanzialmente la società forma dipendenti, non imprenditori. Forma i suoi soldatini ubbidienti senza stimolare un vero pensiero personale o a prepararci su materie che davvero utilizzeremo nella vita. Quanto avrei voluto passare meno tempo sul flauto o i logaritmi e più su come emettere una fattura, a capire cosa è l'iva o come scaricare i costi aziendali.

Ci hanno insegnato che comprare casa per viverci sia il migliore investimento e ce lo hanno inculcato talmente tanto che è ormai nel nostro DNA nazionale. I nostri genitori e addirittura i nostri nonni sono totalmente permeati da questa cultura. Eppure, ci indebitiamo a vita per un qualcosa che quando sarà pagato sarà già vecchio. Vecchio di 25-30 anni appunto, togliendoci capacità di acquisto per qualsiasi altro investimento.

Operando con gli immobili è possibile guadagnare almeno il 30% ogni transazione. Hai capito bene. Ponendo ad esempio che tu faccia una sola operazione all'anno (che è poco) da 100 mila euro, avresti un utile di 30.000, vuol dire che in appena 5 anni potresti comprarti una casa da 150.000, in contanti.

Ecco perché conviene vivere in affitto, per poter avere quel potenziale di investimento, la possibilità di azionare un meccanismo. Allo stesso modo conviene formarsi oltre la scuola tradizionale e sradicare convinzioni radicate che limitano il nostro potere di creare e generare opportunità che risiede in ognuno di noi. Basta solo dargli vita.

Azioni, ambizioni, convinzioni

Sono cresciuto nella periferia di Napoli, da una famiglia povera, nel vero senso della parola. La povertà di non avere nulla da mangiare sulla tavola, di non avere vestiti da mettere o giocattoli come tutti gli altri bambini.

Mia madre di tanto in tanto mi ricorda un episodio di molti anni fa, di una vigilia di Natale, della felicità che provò perché una sera qualcuno dimenticò un panettone e una bottiglia fuori da un negozio alla vigilia di Natale, il che significava che avrebbe finalmente potuto festeggiare come le persone normali il giorno del Santo Natale.

Quindi quando ti dico che sono partito da zero intendo da uno zero di questo tipo. Una situazione in cui i desideri sono tanti, la frustrazione, e con sé la voglia di riscatto. Il vero motore di tutto sono i pensieri e le tue convinzioni: come disse il celebre Henry Ford: *"Che tu credi di farcela o no, avrai comunque ragione"*.

Se pensi che chi nasce povero non può che morire povero, sicuramente non ti impegnerai mai più di tanto a cambiare la tua situazione. Quindi il primo processo da compiere è dentro la testa. Cambiare tutte le convinzioni che limitano le tue azioni. Tutto parte dal desiderio e dalla relativa frustrazione, che rappresenta la molla.

I pensieri e le convinzioni diventano ambizione e mettono in moto le azioni, il vero motore che ci spingerà ad incontrare le nostre ambizioni trasformandole in realtà.

Se stai pensando che in Italia se non sei ricco di famiglia non lo diventerai, posso dirti che hai molte scusanti al tuo arco: da una parte l'ascensore sociale italiano, quindi la possibilità di salire da una classe sociale bassa a una superiore è più bassa rispetto ad altri paesi, per tutta una serie di motivi, principalmente per il sistema del Welfare, molto improntato all'assistenzialismo rispetto ad altri paesi come ad esempio gli Stati Uniti.

Questo significa un paese che garantisce molti servizi per il cittadino anche a livello gratuito come la sanità, le pensioni, ma con un peso ed un impatto costante per tutti, che tolgono inevitabilmente risorse alla crescita, per chi vuole crescere.

A questo si aggiunge una burocrazia asfissiante, per rallentare qualsiasi iter abbiate in mente, e una tassazione tra le più alte al mondo. Ma questo non c'è bisogno che lo dica io. Un altro motivo perché in Italia è più complesso emergere rispetto ad altri paesi è sicuramente il sistema scolastico, che è purtroppo totalmente inadeguato e scollegato al mondo del lavoro.

Un sistema scolastico che insegna principalmente a diventare dei buoni impiegati, a diventare un professore, un contabile, un ingegnere, ma di certo non ti insegna a diventare un imprenditore, ad aprire un'attività, a fare un business plan, a vendere, a trattare, a fare una fattura e tanto altro.

In questo quadro "incoraggiante" è quindi impossibile emergere? Assolutamente no. È possibilissimo, a patto di sviluppare conoscenze e capacità fuori dal sistema scolastico tradizionale, puntando ad arricchirci il più possibile privatamente da chi ha già conseguito i risultati a cui aspiriamo.

Se ci troviamo su un ponte che collega due lembi di terra, e i tiranti di quel ponte rappresentano tutte le nostre convinzioni riguardo al fatto che chi nasce povero muore povero, dobbiamo fare in modo di tranciare quei tiranti che rappresentano quelle convinzioni negative e depotenzianti per farci andare col sedere in acqua, darci la possibilità di svegliarci e iniziare a correre verso gli obiettivi che abbiamo in mente.

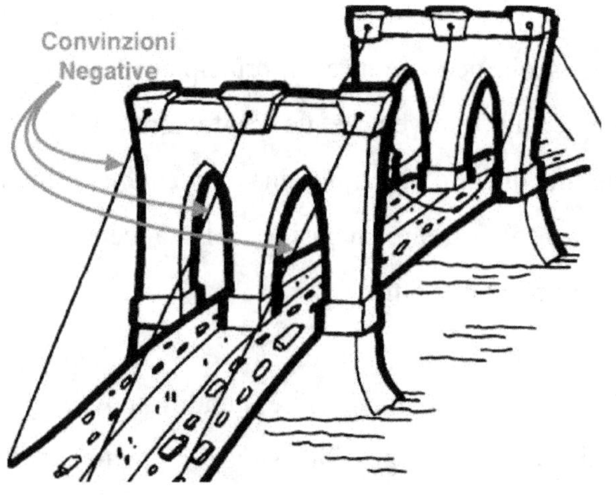

A volte mi piace rappresentare il nostro cervello come un computer: quando nasciamo questa stupenda macchina è ancora vuota, non è ancora caricata di nessuna sovrastruttura che possa condizionare le nostre idee e pensieri. È un po' come caricare il sistema operativo sul quale a sua volta carichiamo i programmi per eseguire dei file, dei compiti.

Il sistema operativo sarà quindi di vitale importanza perché influenzerà in maniera decisiva tutta la nostra vita, dalle scelte alle convinzioni. Ma da cosa è rappresentato il sistema operativo? La principale fonte di informazioni per un bambino appena nato o molto piccolo è rappresentata dai genitori. È dai genitori infatti che proviene la stragrande maggioranza di informazioni, dall'educazione che ci viene trasferita, le convinzioni, le idee, le possibili aspirazioni.

Sappiamo anche quanto l'uomo sia un animale eminentemente sociale, la cui vita dipende dalla capacità di capire cosa fanno gli altri, comprendendone intenzioni e interpretandone sentimenti. Senza questa capacità gli esseri umani non riuscirebbero ad interagire fra di loro e instaurare forme di convivenza sociale.

Sul finire dell'Ottocento venne fatta una scoperta fondamentale nella neurofisiologia, che ha messo in luce l'esistenza di un tale meccanismo di comprensione, grazie al quale le azioni eseguite dagli altri, captate dai sistemi sensoriali, sono automaticamente trasferite al sistema motorio dell'osservatore, permettendogli così di avere una copia motoria del comportamento osservato, quasi fosse lui stesso a eseguirlo.

I neuroni che compiono questa trasformazione dell'azione da un formato sensoriale a uno motorio sono stati chiamati neuroni specchio. È chiaro quindi che se da bambini "specchiamo" i nostri genitori nelle azioni come nelle idee e nelle convinzioni, non diventeremo altro che delle loro copie, senza riuscire a poter mettere in pratica azioni differenti e risultati molto diversi da quelli ottenuti da loro.

Ovviamente i neuroni specchio non si attivano solo con i genitori, ma con tutte le persone con cui siamo a contatto giornalmente, quindi sono compresi amici e conoscenti. Ecco perché è di vitale importanza circondarsi di persone e amici propositivi e in linea con le nostre aspirazioni.

Nel mio caso specifico mi ricordo che mi resi conto molto presto che dopo aver selezionato e rinnovato totalmente le mie amicizie, quei rari casi in cui rincontravo i vecchi compagni non avevo più argomentazioni e discorsi da proporre o condividere, perché fortunatamente ci trovavamo ormai su due mondi completamente diversi.

Gli interessi erano cambiati, le aspirazioni, le idee, le convinzioni, i progetti e le azioni avevano ormai seguito uno sviluppo differente e ciò che una volta ci aveva unito, ora più che mai tracciava un solco fra le nostre differenze. Grande attenzione va poi posta sulle azioni: non basta stilare una bella lista di buoni propositi sulla base di un rinnovato patrimonio di idee e convinzioni, se poi queste idee non vengono messe in pratica.

Senza le azioni non raggiungerai mai i tuoi traguardi e tutti i miei consigli senza una parte pratica fatta di attività, uscite, proposte di acquisto, trattative, e tanto altro, resteranno solo aspirazioni e sogni, non diventando mai realtà.

Non basta iscriversi in palestra per avere un bel fisico, bisogna fare gli esercizi, purtroppo. E qui non c'è differenza: dovrai trasmutare le idee in fatti, e fare in modo che le azioni siano quotidiane, incisive, non isolate e saltuarie. Questa è la più importante ricetta per fare in modo che i sogni e le aspirazioni mutino in poco tempo in azioni e quindi in risultati tangibili.

Uno degli errori più comuni di chi si approccia agli investimenti immobiliari è pensare che con poche e mirate mosse, decisivi "trucchi" del mestiere, si possa ribaltare le sorti della propria vita, quasi come vincere alla lotteria, comprando 3 o 4 biglietti fortunati.

Il problema di questa convinzione è che nel 100% dei casi viene smentita molto velocemente lasciando negli speranzosi solo una grande amarezza e un'infinita delusione di un'aspettativa che supera di gran lunga la loro conoscenza di questo mondo.

Il denaro non è la meta finale

Se si parla di ambizioni diventa molto importante inquadrare quale sia l'obiettivo finale di tutto quello che facciamo e dei concetti che vuole trasferire questo volume. Ad un primo impatto, si potrebbe rilevare che lo scopo del libro e dell'attività dell'investitore immobiliare sia banalmente fare soldi con gli immobili. Tuttavia, questa visione la considero meramente parziale, e devo ammettere che nel momento in cui ho interiorizzato appieno questo concetto, ho fatto il vero salto di qualità.

Il concetto di base è che fare soldi con gli immobili e la ricchezza che ne deriva ha poco a che fare con i soldi in sé. Piuttosto riguarda la tua struttura mentale, i pensieri che governano la tua mente e l'atteggiamento. Se cerchiamo la parola ricchezza su Wikipedia riporta: "condizione di agio economico, tipicamente connessa alla larga disponibilità di beni materiali". Non dice ampia disponibilità di denaro.

Perché questo? Il concetto è facilmente spiegabile: se pensi a te stesso come ricco, non credo tu ti possa immaginare semplicemente con un corposo conto in banca e null'altro, ma probabilmente con una bellissima casa a più livelli sul mare, con macchine di lusso, aerei, o oggetti dei tuoi desideri, non è forse vero?

Il fatto è che il denaro in sé non ha nessun valore se non siamo noi ad attribuirglielo. Non sono altro che pezzetti di carta stampati. Uno dei più importanti traguardi che credo di avere raggiunto in questi tanti anni di attività è stato quello di spostare il focus dal denaro agli obiettivi che volevo realizzare. Non solo accumulare pezzetti di carta ma realizzare progetti concreti, idee, con alla base una libertà finanziaria.

Il denaro può essere il trampolino per realizzare i nostri progetti e sogni, oppure può essere il mostro che domina i nostri sonni e il tiranno che governa le nostre paure. Questo dipende solo da noi, da come lo gestiremo e dalle nostre convinzioni.

Se hai problemi di denaro conoscerai molto bene che tipo di sensazioni si provano in questa situazione: ansia, stress, notti insonni e travagliate, malessere psicologico che si trasmuta in un malessere anche fisico. Il denaro è capace di assorbire tutte le nostre energie perché il nostro pensiero fisso è su di lui, sulle bollette da pagare e sulla rate che incombono.

Le persone ricche spostano il focus dalle scadenze di pagamento alla realizzazione di un progetto, è un processo. Per questo motivo usano il denaro come un bene qualsiasi da scambiare invece di accumularlo. Spesso la ricchezza è associata a emozioni e sentimenti negativi come cinismo, avidità, insensibilità e odio.

Questo pensiero comune è un grande ostacolo alle nostre ambizioni e al cambio della nostra mentalità. Quante volte hai sentito dire: "Il denaro non fa la felicità"? Una delle più grandi ipocrisie inventate dalle persone per giustificare i guadagni inferiori alle nostre ambizioni. Se è vero che il solo denaro non può darci la felicità, è altrettanto vero che può rendervi sufficientemente tranquilli per non dovertene più preoccupare con inutili ansie.

La ricchezza quindi non va cacciata cinicamente come fine a se stessa, ma è intrinsecamente connessa al fornire qualcosa che porti valore alle persone: un'idea, un servizio che porti beneficio alla comunità. È un fenomeno che può essere osservato sul web: chi non conosce ad esempio Salvatore Aranzulla?

Una personalità di successo che a soli 28 anni fattura più di 2 milioni, che ha generato e genera tuttora ricchezza perché ha portato vero valore alle persone. Il suo blog è visitato da oltre 10 milioni di persone al giorno, 20 milioni di visualizzazioni di pagine uniche dove fornisce soluzioni ai problemi che ognuno di noi può incontrare utilizzando il web. Il segreto del suo successo è nella semplicità delle sue risposte contenute nei suoi tutorial e nella capacità di comprendere le difficoltà delle persone comuni.

Il primo passo quindi da compiere è un cambio di mentalità nei confronti della ricchezza, successivamente la gestione del focus mentale ed energetico sulla realizzazione di progetti che possano fornire valore e utilità alle persone.

C'è un altro punto da aggiungere: il percorso che ti separa dal padroneggiare con destrezza l'attività di imprenditore e investitore che è tutt'altro che semplice. È dura, maledettamente dura, e ci saranno momenti in cui ti verrà la tentazione di mollare. Quello è il momento più pericoloso.

Per questo è importante trovare "il tuo perché", quella tua motivazione speciale che ti consentirà di stringere i denti e superare le difficoltà. I soldi come obiettivo non sono sufficienti: tuo figlio/a, la tua famiglia, un progetto di vita? Trova il tuo perché e tienilo stretto con te, superata la tempesta arriveranno le soddisfazioni.

Ecco perché sono così innamorato dell'immobiliare: è uno strumento unico e potentissimo per cambiare la nostra vita e quella delle altre persone, fornendo un valore reale. Tuttavia, le opportunità che possono essere create e sviluppate in questo settore sono inutili se non vengono gestite con la corretta preparazione. Per questo ho scritto questo libro, per fornire un kit base per approcciarsi a un settore tanto complesso e multidisciplinare come quello immobiliare.

È utile riflettere sul fatto che l'87% delle persone che vincono lotterie milionarie tornano povere entro 24 mesi. Non solo tornano povere come all'inizio, ma spesso addirittura con i debiti. Come è possibile questo fenomeno? Perché purtroppo in Italia non esiste nessuna struttura statale che insegni la cultura finanziaria e la gestione dei propri risparmi.

I vincitori quindi si abbandonano ad acquisti compulsivi senza pianificare modalità che a loro volta generino denaro. Comprare una Ferrari difficilmente ti farà guadagnare altro denaro, acquistare un immobile da mettere a reddito invece sì.

Famoso è il caso di Sharon Tirabassi nel 2004, una ragazza madre molto povera, che dopo aver vinto alla lotteria oltre 10 milioni di sterline sperperò tutto in una grande casa, auto di lusso, feste private, prestiti agli amici e viaggi esotici.

Qualcuno si potrà ricordare del caso del gallese Luke Pittard che ha vinto 1,3 milioni di sterline nel 2006, ma spese tutta la somma in un viaggio alle Canarie, un matrimonio e una casa nuova. Un anno e mezzo dopo fu costretto a tornare al suo vecchio lavoro da Mc Donald's.

Una cosa che accomuna questi casi e molti altri che mi hanno indubbiamente colpito, è che gran parte delle persone interessate dalle vincite dopo poco tempo maledicano il biglietto vincente come causa di tutti i mali. Come se il denaro fosse l'elemento diabolico che ha distrutto le loro vite generando episodi negativi a catena.

Quello che non comprendono è che la causa non sta nel denaro in sé quanto nella mancanza di uno studio preventivo, di una preparazione mentale che definisca regole precise come qualsiasi altra materia che si studia a scuola. Il fatto di avere fra le mani una grossa somma di quattrini non ci mette al riparo dal finire in bancarotta, anzi. Non pone fine alla preoccupazione che ruota intorno al denaro come quando si è in situazione di povertà. Anche grosse somme, in mani sbagliate, velocemente finiscono.

Se invece avremo sviluppato una gestione oculata dei flussi di cassa, capito come innescare entrate automatiche e continue avremo eliminato ogni ansia e timore legata al denaro indipendentemente dalla somma, sia che abbiamo sul conto 30.000 euro o 10 milioni.

Il potere degli errori

Quante volte da bambini i nostri genitori ci hanno sgridato col dito puntato dicendoci: "Non correre!", "Non scoprirti!", o "Non fare tardi!" o "Non dire parolacce!" e tanti altri? In quel momento forse li abbiamo detestati pensato che fossero insopportabili e noiosi, anzi il più delle volte probabilmente non li abbiamo nemmeno ascoltati.

Anni dopo invece, una volta adulti e girandosi indietro a guardare il passato, ci si rende conto di quanti consigli fossero preziosi, consigli dettati dall'esperienza, per proteggerci, consigli che adesso vorremmo dare ai nostri figli, tale e quale, con lo stesso vigore e determinazione dei nostri genitori, perché come loro vogliamo proteggere chi amiamo.

In che modo vogliamo proteggere chi amiamo? Sicuramente evitando che commettano gli errori che noi stessi abbiamo commesso. Gli errori sono la cosa più preziosa che possiamo trasferire a chiunque. È nell'errore che si nasconde il valore più grande e importante, perché l'atto stesso di raccontarlo è il salvavita delle tue prossime azioni, e il valore non è altro che il costo che sosterresti commettendole. Un valore incommensurabile. Di tempo, di denaro, di energie.

Chi non ha mai fatto un'operazione storta? Chi non ha mai sbagliato una trattativa? Chi non è mai andato lungo con i tempi? Tutti sono bravi a raccontare i successi, pochi gli errori, ed è un peccato, perché nulla è più utile per chi sta iniziando una nuova avventura, capire quali sono le trappole nascoste e i trabocchetti che la vita ci prepara.

Ricordo che un giorno lessi uno speciale sui Business Angel della Silicon Valley che selezionavano con grande cura le start up innovative candidate ad essere "incubate" e finanziate per un successivo sviluppo. Uno dei requisiti maggiormente apprezzati dagli esaminatori era proprio verificare che tra i fondatori della start up vi fosse già qualche fallimento alle spalle.

Un comportamento che sembrerebbe contro-intuitivo, ma che invece ha un suo senso più che giustificato. Chi ha già fallito ha già avuto l'opportunità di imparare, di gestire una situazione complessa, si è già "formato" sul campo, cosa che invece chi proviene da esperienze solo positive ha in maniera più limitata.

Basti pensare che il tasso di mortalità delle start up è del 96%, ovvero, 9 su 10 non sopravvivono ai primi 3 anni di attività. Tra le principali cause di fallimento, la incapacità di reggere la competizione (14%), l'assenza di un modello di business sostenibile (11%), l'inadeguatezza del prodotto (9%).

Nel nostro Paese la retorica dell'ottimismo costringe a non parlare quasi mai delle attività o start up che non ce l'hanno fatta. Manca, in sostanza, una vera cultura del fallimento, sul genere di quella americana. C'è una famosa citazione di Eric Schmidt, ex amministratore delegato di Google, commentando nel 2013 il crollo di progetti come Google Reader disse: *"Celebriamo i nostri fallimenti"*.

Tanti nomi blasonati sono caduti innumerevoli volte prima di ottenere il successo, e spesso hanno anche continuato a fallire anche dopo, senza perdere la capacità di risollevarsi e andare avanti.

Richard Branson ad esempio è considerato uno dei magnati più brillanti del globo e fondatore della Virgin, colosso di oltre 35.000 dipendenti. Tuttavia, sono numerosissimi i suoi flop: dalla Virgin Cola con la sua bottiglia con la forma di Pamela Anderson, che avrebbe dovuto sfidare Coca Cola e Pepsi ma fallì miseramente, alla Virgin Charter, che avrebbe dovuto offrire voli privati a prezzi stracciati, o alla Virgin Student, un social network stile Facebook.

Tutti tentativi che finirono in un mare di debiti. Anche Bill Gates partì con un fallimento, ed Elon Musk? Nel suo anno nero, il 2008, rischiò di fallire completamente, quando le sue auto elettriche ancora non si vendevano e la Space X ancora non aveva conquistato la reputazione di cui gode oggi.

In quell'anno Elon racconta che andò avanti grazie ai prestiti di alcuni fidati amici. Si giocò il tutto per tutto anche con il recente lancio del Falcon Heavy, pur avendo solo un 50-60% di possibilità di successo; ci mette la faccia e il portafoglio. Rischia. Ma alla fine riesce e ce la fa.

Tanti hanno riportato diverse sconfitte nel novero degli innumerevoli progetti di successo. In ogni caso, qualunque sia la tua tecnica o modalità di acquisto c'è un fattore determinante che devi considerare se ti stai approcciando per la prima volta agli investimenti immobiliari e hai capitali limitati come li avevo io (anzi io sono partito da zero). L'elemento è non sbagliare la prima operazione.

Insomma, se devi sbagliare c con risorse limitate, evita di farlo al primo colpo. Certo hai studiato, hai controllato i giornali, hai visionato decine e decine di siti immobiliari e finalmente ti senti pronto ad acquistare il tuo primo immobile. Ricordati, che se non hai grandi cifre a disposizione il tuo primo acquisto sarà determinante per il tuo futuro di investitore immobiliare.

Se non hai grandi somme a disposizione, sbagliando la tua prima operazione resterai incagliato per moltissimo tempo, senza contare che sarai demoralizzato, non avrai più quell'entusiasmo che invece avresti nella prima operazione, e che con un'operazione di successo sarebbe esponenzialmente più alto poi nelle successive.

Tante persone che sbagliano il loro primo investimento immobiliare, magari rimanendo insabbiati o rimediando una perdita, generalmente poi abbandonano definitivamente il mondo degli investimenti immobiliari, perché oltre alla perdita economica associano un sentimento assolutamente negativo al mondo degli investimenti in immobili e quindi poi non tornano indietro ma piuttosto abbandonano definitivamente.

La prima operazione, quindi, assume un'importanza strategica e fondamentale, oltre ad avere un grandissimo valore psicologico. Il mio consiglio è quello di non farla mai da soli, soprattutto la prima, ma di affidarvi a qualcuno che possa guidarvi e darvi dei consigli, preziosissimi. La vostra esperienza in quel momento è ovviamente limitata e quindi c'è bisogno di una guida che vi accompagni passo per passo in tutta la durata dell'operazione.

Quando vinsi la mia prima asta immobiliare, non riuscii a mettere insieme la somma necessaria per l'acquisto e per il saldo prezzo. Persi completamente tutta la caparra, che per me che stavo iniziando erano tutti i soldi del mondo. In quella situazione pensai anche di lasciare questo settore.

Ho pensato di mollare definitivamente, completamente demoralizzato e penso anche che molti di voi in quella situazione avrebbero fatto lo stesso. O comunque ci avrebbero pensato, se si fossero ritrovati con le mie medesime possibilità economiche, in quel momento.

Quindi, questo è un messaggio per metterti in guardia, soprattutto alla prima operazione, per i passi che farai, dove è vietato assolutamente fare errori e fare cose di cui non si è sicuri. È importante farsi seguire da qualcuno che abbia già fatto queste cose con un'esperienza in questo settore e possibilmente anche con un buon socio di capitale, che può darvi una mano nel momento del bisogno.

Personalmente ho avuto 1 o 2 operazioni non brillanti e le considero in assoluto le più preziose. Ma feci anche dei piccoli errori di gestione che tornando indietro eviterei. Ricordo che una delle prime cose che feci quando partii a fare investimenti immobiliari fu aprire la società. Avrei voluto fare le cose per bene, dare un'immagine significativa, e una struttura per il lungo periodo. Buoni propositi insomma, nulla di sbagliato nelle intenzioni.

Sicuramente, se dovessi darti un consiglio su questo argomento partendo dalle risorse che avevo io al tempo, non ti consiglierei di fare la stessa cosa. La società immobiliare è sì lo strumento perfetto per compravendere immobili, ma è anche vero che è una macchina non esente da costi, e se stai partendo faticosamente con zero euro come partii io, forse non è la scelta perfetta.

Insomma, se stai iniziando un'attività non comprarti un Mercedes 5000 cc, comincia con una Cinquecento con consumi parchi, sii leggero con le spese, e spiccherai il volo con una velocità tripla. La società comporta numerosi balzelli, registrazioni annuali, spese vive, spese di commercialista, imposte sugli immobili più alte, tutti costi che all'inizio non dovresti avere e di cui non vorresti occuparti.

È all'inizio la parte dura, è quando spingi la macchina da ferma lo sforzo più grande, l'inerzia dopo ti aiuta ed è più semplice. Non rendere la macchina pesante all'inizio perché rischieresti di partire lento, sfiancarti, o peggio ancora, di non riuscire a partire. Per questo a chi mi chiede come iniziare suggerisco sempre di partire come persona fisica, le procedure sono più snelle, i costi ridotti, la tassazione è agevolata, cosa volere di più?

Solo dopo che si è acquisita familiarità, e soprattutto quando il numero delle operazioni diventa tale per cui il buon senso ci suggerisce che la compravendita di immobili è diventato il nostro mestiere, è allora che è arrivato il momento di fare il salto. Ma fino ad allora non c'è nessuna fretta, e nessuno dovrebbe mettertela.

Se non vorrete che gli investimenti immobiliari diventino il vostro principale mestiere, e fare solo operazioni saltuarie come incassi integrativi e aggiuntivi, non vedo l'esigenza di una società, a meno che non abbia diversi immobili in pancia. Il risparmio evidente non è solo sui costi fissi di gestione, ma anche su quelli di acquisto e sulla rivendita.

Per comodità vi riporto qui sotto un piccolo schema che vi aiuterà nel comprendere le differenze tra l'entità fisica e giuridica:

	IMPOSTE DI REGISTRO	PLUSVALENZA IN RIVENDITA	IPOTECARIA E CATASTALE
ACQUISTO PERSONA FISICA PRIMA CASA	2% SULLA RENDITA CATASTALE	NO PLUSVALENZA	50+50 euro
ACQUISTO PERSONA FISICA SECONDA CASA	9% SULLA RENDITA CATASTALE	OPZIONE DI PLUSVALENZA 20%	50+50 euro
ACQUISTO COME SOCIETA'	9% SUL PREZZO VALORE	PLUSVALENZA A BILANCIO	200+200 euro

Capitolo 2:
Il Metodo Scientifico Immobiliare

Victoria amat Curam

Ovvero: "La vittoria ama la preparazione". Sun Tzu soleva dire che ogni guerra è vinta prima di essere combattuta. Per prima cosa è importante conoscere i propri limiti. Non possiamo essere esperti di ogni cosa e di ogni zona, se vogliamo iniziare a fare acquisti per investire in immobili dovremmo per prima cosa essere esperti in una micro-zona. Possibilmente l'area dove abitiamo, dove abbiamo più familiarità, dove conosciamo più persone e dove ci sarà più semplice fare una analisi approfondita dei servizi e dei trasporti.

Dovremo avere più informazioni di chiunque altro su quella determinata area. *La vera ricchezza è l'informazione.* Se solo noi sappiamo che una certa area è oggetto di riqualificazione comunale o che verrà aperta una stazione della metropolitana prima degli altri avremo un vantaggio competitivo sugli altri.

Se al contrario abbiamo conoscenza della costruzione di un campo rom sapremo prima degli altri dove non comprare. Allo stesso modo se decideremo di acquistare in un'altra zona fuori dal nostro cerchio magico, dovremo attuare lo stesso lavoro, che è quello che attuo io ogni volta che non conosco un territorio: *mi trasformo in un esperto di quell'area.*

La preparazione è tutto: comprare senza avere chiara la situazione di quella location e senza avere sufficienti dati equivale a un salto nel buio. Non c'è cosa più pericolosa che tu possa fare. Quindi, come abbiamo già affrontato: informarsi su internet, parlare con i vicini, con il custode dello stabile, con i negozianti intorno se necessario, parlare con le agenzie immobiliari, sono tutti passaggi fondamentali per conoscere la storia del tuo immobile. Senza le persone che hanno sempre vissuto in quel determinato quartiere non avrai mai accesso alle informazioni chiave per poter fare un buon acquisto.

È uno dei motivi per cui mi piace tanto il settore immobiliare. Non si tratta solo di commerciare semplici mattoni, ma è necessario per sua stessa natura interagire con un gran numero di persone e avere relazioni con loro. Non è un'attività asettica, dietro un freddo monitor tutto il giorno. C'è un'ampia componente di "marciapiede" che include il dover relazionarsi e conoscere persone sempre nuove, oltre al dover mantenere relazioni stabili con i nostri collaboratori e membri del nostro team.

È uno dei motivi principali che mi ha spinto per esempio a non diventare un trader professionista, professione di grande fascino e per certi versi molto simile all'immobiliare, ma appunto molto più distaccata e meno "sociale". Manca la componente umana, le strette di mani, i sorrisi, la parte tattile, l'odore della vernice, la sensazione del marmo appena posato, il rumore del parquet sotto i piedi, sono tutte sensazioni a cui non posso più rinunciare.

Un altro motivo per cui preferisco l'immobiliare al trading di borsa è la maggiore sicurezza dell'investimento: la volatilità dei prezzi del mattone in Italia è molto ridotta, soprattutto se andremo ad acquistare nelle grandi città. Infatti, fatta eccezione di alcune zone a rischio, avremo sempre una discreta sicurezza che il prezzo di un immobile non crolli da qui a 5 anni. Anzi, la cosa più probabile che possa accadere è che il prezzo nel frattempo sia salito.

Da un lato siamo fortunati, perché ad esempio in America non è così, e i prezzi sono molto più ballerini come abbiamo potuto constatare negli anni della crisi. È evidente che quindi mentre la borsa è più repentina nelle variazioni, il mattone offre sempre un elemento di certezza maggiore che mi ha sempre dato quella fiducia e tranquillità per incoraggiarmi a concentrarmi su questo settore.

Nell'ottica di raggiungere una buona preparazione negli investimenti immobiliari rientra la capacità di realizzare un *business plan* intelligente. Di cosa si tratta? Semplicemente di un documento preliminare in grado di analizzare la redditività di un certo progetto o di una attività imprenditoriale, tenendo conto degli obiettivi del business, dei prodotti e dei servizi offerti, dei concorrenti e delle previsioni finanziarie.

Quali sono quindi le caratteristiche fondamentali per un buon business plan? Vediamole subito.

1. Analiticità

Il significato ultimo di un buon *business plan* è proprio quello di fornire un'analisi generale e completa di quella che è la situazione attuale e potenziale della propria agenzia immobiliare. Analizzare a fondo ogni aspetto riguardante l'attività è cruciale per riuscire a pianificare la propria strategia e capire così come muoversi nel mercato.

Ma cosa si intende con analisi? Per le finalità di un *business plan,* deve esser condotta un'analisi della fattibilità finanziaria e dell'attrattività economica di un investimento, sia che si tratti di ampliamento di una attività esistente o di nascita di una nuova iniziativa. Non esiste quindi un momento obbligatorio per redigerlo. Ovvio però, che farlo prima di iniziare l'attività permette di avere una migliore visione di insieme, facendo chiarezza sulle fasi operative da seguire sin dall'inizio.

2. Chiarezza

La chiarezza è una caratteristica fondamentale: non dimentichiamo infatti che il *business plan,* oltre ad avere una funzione interna – svolgendo il compito di informare, di guidare e valutare costi e benefici di un investimento– ha anche una funzione esterna, con lo scopo cioè di presentare il progetto ai terzi e coinvolgere eventuali investitori di capitale.

Data questa premessa quindi, la stesura del *business plan* deve seguire una certa logica, senza concentrarsi solamente su cifre e tabelle troppo complicate. Meglio riportare i dati più rilevanti in grafici, su fogli di calcolo schematici ed illustrazioni rappresentative delle analisi condotte, con apposite note a descrizione delle informazioni.

3. Sinteticità

Premesso che non esiste una lunghezza prefissata o un numero minimo di pagine da riempire, il *business plan* deve contenere un buon numero di informazioni essenziali nel minor spazio possibile. Da evitare quindi inutili divagazioni e spiegazioni ridondanti che rischiano solo di complicare il lavoro e minare così l'utilità dell'intero documento.

Anche in questo caso immagini e grafici possono essere di grande aiuto, sono infatti un ottimo strumento per raccogliere in uno spazio ridotto una grande quantità di informazioni, se usati nella maniera corretta.

4. Efficacia

Infine, il *business plan* deve essere in grado di assolvere il compito per cui viene redatto: una presentazione dell'investimento immobiliare o del progetto, con una sintesi del programma proposto, corredata dall'analisi del prodotto o servizio offerto e del mercato o nella micro-area su cui si intende operare.

Non dobbiamo dimenticare che tutto ciò ha un duplice obiettivo: essere uno strumento di analisi e valutazione dell'investimento per noi, mettendo in evidenza con chiarezza i costi che dovremo sostenere, ma anche per convincere chi esternamente potrebbe partecipare nel progetto, come ad esempio istituti finanziari o privati, amici o collaboratori che possono essere coinvolti nel nostro progetto.

SCHEDA IMMOBILE					
Localizzazione					
Via					
Città	Nerviano				
			RIVENDITA		€ 160.000,00
Prezzo di acquisizione		€ 96.000,00	MARGINE OPERATIVO		
					€ 41.000,00
TOTALE ACQUISIZIONE		€ 96.000,00			
			UTILE NETTO		
				€	29.110,00
COSTI GESTIONE IMMOBILE SINO ALLA VENDITA					
Spese		4000	ROI		25
Notaio		€ 1.000,00	ROE		25
Spese arretrate condominio		€ 4.000,00			
Imposta di registro		€ 9.000,00			
Agenzia		€ 2.000,00			
Geometra					
TOTALE					
COSTI DI RISTRUTTURAZIONE					
		€ 3.000,00			
TOTALE		€ 119.000,00			
TASSE					
IRES	24				
IRAP	3,9				
TOTALE IMPOSTE		€ 15.624,00			

Il Metodo Scientifico Immobiliare

Cosa si intende con scientifico e cosa c'entra con gli immobili? Come dicevo, la formazione sul tema investimenti è variegata ma non esiste un vero metodo collaudato che porti ad avere un risultato certo. In realtà, il risultato può essere garantito con percentuali vicine al 100% se vengono rispettate le clausole di quello che è un vero modello scientifico. Ma vediamo nello specifico come si articola il metodo preso in prestito dalla Scienza.

Il Metodo Scientifico Immobiliare è un metodo immobiliare sperimentale, ovvero utilizza la modalità tipica con cui la scienza procede per raggiungere una conoscenza della realtà oggettiva, affidabile, verificabile e condivisibile.

In altre parole consiste, da una parte, nella raccolta di dati empirici sotto la guida delle ipotesi da vagliare; dall'altra, nell'analisi rigorosa, logico-razionale e, dove possibile, matematica-statistica di questi dati, associando cioè, come enunciato per la prima volta da Galilei, le «*sensate esperienze*» alle «*dimostrazioni necessarie*», unendo cioè la sperimentazione alla matematica.

Il M.I.S. può essere riassunto in una procedura rigorosa di 4 fasi ben precise:

1. Osservazione

Il metodo scientifico è influenzato notevolmente da quanto è stata accurata l'osservazione del fenomeno che vuole descrivere e può richiedere scrupolose e numerose misurazioni. La sistematica, e accurata misurazione delle quantità rilevanti coinvolte nel fenomeno, fanno spesso la differenza tra le pseudo-scienze e le scienze.

Le misurazioni scientifiche in genere vengono archiviate, analizzate e studiate secondo modalità statistiche. Ogni misurazione scientifica è soggetta a piccoli e inevitabili errori, che sono tanto più piccoli quanto più accurata è la misurazione e quanti più dati possiamo portare alla nostra misurazione.

La statistica descrive bene questo concetto con "Margine di errore", riportando come più sono i dati a disposizione dell'analisi di campionamento, minore sarà lo scostamento dal dato reale al netto di errori. Questi errori sono spesso stimati facendo ripetute misurazioni di una certa quantità. Nel mondo odierno abbiamo una grande quantità di dati a disposizione, basta solo raccoglierli.

2. Ipotesi

Un'ipotesi consiste nel tentativo di spiegare la natura di un certo fenomeno, subito dopo la sua osservazione. Gli scienziati usano qualunque cosa a loro disposizione: la loro creatività, idee da altri settori della scienza, il metodo induttivo, per cercare di dare delle possibili spiegazioni all'oggetto dei loro studi. Nel campo immobiliare, ad esempio una valutazione, consiste nel tracciare un metodo di confronto di un valore sulla base dei dati analizzati.

3. Previsione dalle ipotesi

Un'ipotesi fondata può portare a delle previsioni, attraverso un ragionamento deduttivo, che può essere confermato da un esperimento. Se i risultati contraddicono la previsione, l'ipotesi da cui è scaturita è sbagliata o incompleta, e può essere scartata o riveduta.

Se il risultato è quello aspettato, allora l'ipotesi può essere corretta, ma richiede ancora altri accertamenti e verifiche. Riprendendo il caso immobiliare precedente, si stila un identikit della stima sulla base dei dati raccolti.

4. Verifica

Una volta che una previsione è stata fatta, un esperimento viene progettato per averne controprova. L'esperimento può sia confermare che smentire l'ipotesi che si sta analizzando. Una volta che l'esperimento è completo, i ricercatori determinano se i risultati ottenuti corrispondono o meno a ciò che era stato previsto.

Se le ipotesi/previsioni non combaciano con le conclusioni sperimentali, si torna sui propri passi con pazienza, per rivedere le ipotesi e a re-iterare il procedimento. Se invece l'esperimento "riesce" e concorda con le ipotesi, allora le sue modalità vengono pubblicate, in modo che gli altri possano riprodurre gli stessi risultati sperimentali e fruirne con sicurezza.

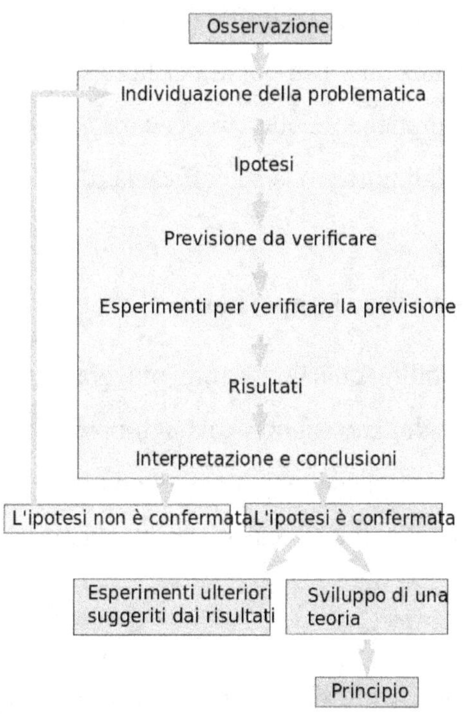

Queste fasi compongono nella sua interezza il metodo MSI. Ogni fase è fondamentale, propedeutica all'altra e in nessun modo è possibile saltarne anche solo una. L'applicazione sistematica di questo metodo mi ha permesso di chiudere oltre cento operazioni immobiliari, milioni di euro di utile e una infinità di valutazioni sulla stima dei cespiti con margini di errore minimo.

Ecco perché voglio rivelarti il mio metodo: perché semplicemente è l'unico che funziona. Nel corso del libro vedremo alcune delle applicazioni pratiche della procedura alle problematiche immobiliari e ti dimostrerò la sua efficacia.

La valutazione e la sua importanza

Se dovessi stabilire qual è l'errore più grave ma anche il più frequente che colui che si approccia agli investimenti immobiliari commette più spesso, sicuramente potrei dire che è la valutazione. Ma che cos'è e come si calcola esattamente il valore di un immobile?

Bisogna intanto partire dal presupposto, che sugli immobili non esiste un cartellino che ci dica esattamente il valore di una casa, né una tabella universalmente riconosciuta che possa sentenziarlo. Il prezzo o il valore di un immobile non è altro che l'incontro della domanda e dell'offerta del mercato in quel contingente momento storico.

Quante volte abbiamo sentito frasi del tipo: "Il mio immobile vale 300.000 euro, il mio vicino sta vendendo a 290.000, e io ho le piastrelle più pregiate". In questi casi, il proprietario ha preso a riferimento il suo vicino come valore assoluto, valore che in realtà non è detto che sia verificato e in linea con la richiesta del mercato e della domanda in quel momento.

Questo è uno dei modi migliori per "bruciarsi" un immobile, ovvero, metterlo in vendita a un prezzo troppo alto e rimanere sul mercato senza riscontri per periodi molto lunghi, generando la percezione che l'immobile abbia qualcosa che non va, dopo mesi se non anni che resta visibile sui portali di vendita immobiliari senza che nessun acquirente lo compri.

Quindi proprio perché non esistono "cartellini" con il prezzo, è un errore molto insidioso e costante nella vita degli investitori immobiliari. L'errore principe, il più temuto da principianti e non, è il seguente: i principianti tendono all'errore per l'inesperienza, mentre gli esperti sono esposti comunque per la troppa sicurezza. In entrambi i casi, le conseguenze possono essere devastanti sul tuo investimento.

Tante e troppe volte l'errore che si commette quando ci si approccia a questo tipo di lavoro è quello di dare la definizione di affare, quando in realtà un affare non è. Trovare un affare è difficile, molto difficile, e spesso all'inizio si tende ad avere un po' la smania di scovarlo; è comprensibile, ma ci vuole pazienza, e la fretta si sa, è cattiva consigliera.

Il rischio è sostanzialmente di prendere una fregatura: sbagliare la cifra di valutazione di un certo immobile e del suo valore di mercato, è l'errore più grave che si possa fare. Questo lo ripeto ogni volta a chi comincia e a chi si approccia questo tipo di business.

Sbagliare il prezzo di mercato, vuol dire anche sbagliare il prezzo a cui dobbiamo acquistare quel certo immobile: se quindi per esempio vogliamo tenerci a un 30 per cento sotto il prezzo di mercato, se avremo sbagliato il prezzo di partenza, di conseguenza sarà tutto sballato. Quindi al di là della zona, del taglio, della tecnica che userai, la cosa principale è prima in assoluto quella di non sbagliare la valutazione, perché questo comprometterà tutto l'investimento.

Quindi massima attenzione deve essere applicata in una prima fase di approccio così delicata. In questo tipo di business la cosa più importante è quella di concentrarsi sul vero prezzo di mercato, cioè quello che il mercato è disposto a pagare per quell'immobile.

Ad esempio, prendiamo con le pinze quelle che sono le tabelle, i dati che troviamo su internet o sui giornalini delle agenzie immobiliari, ma facciamo sempre una valutazione accurata, che si avvicini il più possibile alla realtà di quello che il mercato è disposto a pagare il vostro appartamento.

Ricordatevi che questo dato varia nel tempo, quindi non è un valore assoluto, non è qualcosa che è sempre valido, ma è qualcosa che varia, che è volubile e che va quindi contestualizzato in un certo momento. Non è molto diverso dal mercato azionario: il prezzo di un dato titolo sale e scende nel tempo, e quel valore è il prezzo che il mercato è disposto a pagare.

La differenza nel caso dell'immobiliare è che questa variazione del prezzo è molto più lenta rispetto ai titoli di borsa. I prezzi salgono o scendono non da un giorno ad un altro ma magari da un anno ad un altro.

Questo è ciò che apprezzo del mercato immobiliare, specie quello italiano: l'essere meno volubile e più stabile rispetto i titoli in borsa, in modo che risulti anche un po' più semplice intercettare la direzione del mercato, se i prezzi stanno salendo o se invece vanno verso una stagnazione.

Ci sono mercati immobiliari molto più pericolosi, come ad esempio quello inglese o americano o dubaino, dove i prezzi salgono e scendono con una rapidità molto più intensa ed è più facile farsi male. Per una volta quindi siamo un po' avvantaggiati ed è bene fare tesoro di questo, manovrando con cura i nostri acquisti.

È proprio in questo contesto che ci viene in soccorso il Metodo Scientifico Immobiliare e le sue 4 fasi: osservazione, ipotesi, previsione dell'ipotesi, verifica. L'osservazione si serve preliminarmente di 3 diverse tecniche di valutazione che si arricchiscono e completano a vicenda nel caso una o più siano mancanti. Vediamole nel dettaglio:

1. *market comparison* (metodo confronto di mercato).

Si studiano esempi quanto più simili all'immobile di nostro interesse ottenendo una campionatura con caratteristiche simili più numerosa possibile.

Nell'ottica di confronto tra immobili sussistono alcune caratteristiche e attributi che devi prendere in considerazione per arrivare al prezzo finale:

- superfici principali e secondarie: è evidente che il valore aumenta all'aumentare della superficie, ma tieni presente che le superfici secondarie hanno un valore minore rispetto alle principali;
- età dell'immobile: un immobile nuovo avrà un valore ovviamente più alto di uno vetusto. Ma attenzione agli immobili d'epoca, che pur essendo datati tengono alto il valore;
- livello/piano: i piani alti tendenzialmente hanno sempre un valore più alto dei piani inferiori, soprattutto dal secondo in su;
- impianti tecnologici: la presenza dell'ascensore può determinare uno scostamento sul prezzo fino al 40%;
- panorama: avere a disposizione una vista mare o una vista muro può fare una grande differenza;
- luminosità esposizione: la luce è energia e vibrazioni positive, le case luminose godono di apprezzamento maggiore.

2. *cost approach* (metodo del costo).

In altre parole, ipotizzi di dover ricostruire una casa e sommi il valore del suolo al costo di ricostruzione dell'edificio. In sostanza si presuppone che un potenziale acquirente non vorrebbe mai pagare più di quanto costi il terreno e la costruzione.

3. *income capitalization approach* (metodo finanziario).

Attraverso questo metodo, l'acquirente paga in funzione dei flussi di cassa che l'immobile potrebbe generare. Quindi se ad esempio sono proprietario di un immobile locato ad un bar, il suo valore sarà profondamente differente se la locazione sarà fissata in 1000 o 3000 euro.

Il primo metodo è certamente il più usato, che però può completarsi con gli altri due al bisogno. Una volta quindi collezionato il più alto numero di dati per la realizzazione dell'osservazione, si passa alla seconda fase, quella dell'ipotesi: ovvero si realizza una lista di tutti i dati collezionati per calcolare il dato medio di prezzo-valore. Questa sarà la nostra ipotesi.

Se l'ipotesi è fondata, porterà ad una previsione secondo una precisa deduzione, che solo un esperimento e una verifica potrà confermare. Nel caso di una previsione contraddetta, l'ipotesi sarà da considerarsi sbagliata o inesatta, e può essere scartata o rivista. In caso di risultato secondo le aspettative, allora l'ipotesi può essere corretta, e richiederà ulteriore verifica.

Il dato quindi viene prima confrontato con i valori Omi (Osservatorio Immobiliare) di zona o con le funzioni di valutazione dei principali portali immobiliari (io ti consiglio Immobiliare.it).

Questi grandi portali sono dei veri motori che macinano Big Data per noi, fornendo statistiche e storici, e soprattutto, sono incredibilmente gratis. Se anche questa fase sarà congruente sarai arrivato all'ultima parte, quella della verifica, ovvero la consultazione con l'agente immobiliare di zona.

Facendo un piccolo passo indietro, il segreto è di dedicarsi all'arte della valutazione in maniera scientifica: studiare gli immobili della zona dove vuoi acquistare e diventare un esperto di tutti gli immobili simili a quello che hai in mente di acquistare. Scegliere un centro abitato sufficientemente grande, raccogliere quanti più dati possibili è la chiave per avere un quadro statistico il più possibile spurio da errori o dati non attendibili.

Attraverso i portali immobiliari è possibile estrapolare una grande mole di dati e possiamo utilizzare moltissimi filtri per fare da setaccio tra la miriade di immobili presenti, individuando solo quelli che effettivamente hanno caratteristiche simili a quello che stiamo trattando.

Va sempre tenuto a mente però, che tutti i dati che vediamo sui portali altro non sono che valori di richiesta da parte dei proprietari che vendono gli immobili, e non il valore dell'immobile effettivamente venduto. Spesso possiamo notare trattative che arrivano fino al 20% - 25% del valore di richiesta, e questo i portali non ce lo indicano.

Quindi come fare? Come posso correggere un dato che di per sé è sovrastimato? Il concetto è che tutti i dati raccolti dai portali vanno necessariamente e obbligatoriamente incrociati con i dati oggettivi di qualcuno che ha effettivamente venduto in quel dato territorio.

Ecco che torniamo alla nostra fase 4 del MSI: in primis sono le agenzie immobiliari che possono darci un trend preciso della microzona e conoscono i prezzi del "venduto" reali ed effettivi.

Gli agenti immobiliari lavorano ogni giorno sulla strada e con i venditori, chi meglio di loro conosce la situazione dei valori e dei realizzi? Sono per noi una miniera di informazioni inesauribili e preziose, su un territorio che magari conosciamo appena e di cui ignoriamo uno storico importante. Esistono a Milano alcuni stabili posizionati in vie di grande prestigio e dove il valore al metro quadro generale è molto alto, anche di 5.000/6.000 euro al metro.

Tuttavia, può verificarsi che di questi singoli stabili il prezzo scenda a 1.000 o 1.550 euro al metro quadro. Da un civico all'altro. Come è possibile? A volta capita che in queste palazzine si concentrino condomini non esattamente raccomandabili, con condizioni generali di pulizia e decoro discutibili, pur essendo in contesti di via e zona di alto livello. Dei mini "ghetti" dove si concentra degrado e malaffare.

Difficile quindi, identificare come cattivo acquisto un immobile in questi stabili solamente guardando i portali immobiliari senza avere una reale percezione e conoscenza del territorio. Senza una nostra e personale conoscenza storica, l'unica persona che può illuminarci sulla situazione reale è l'agente immobiliare, che vive tutti i giorni quel contesto perché è a pochi passi dal suo ufficio.

Una cosa è certa: il MSI di un immobile non è una procedura passiva. Dovrai attivarti in diversi modi per avere il tuo prezioso valore: via web, al telefono e di persona. Solamente vivendo una certa zona, frequentandola, parlando con le persone che la vivono, avrai le informazioni necessarie per completare il puzzle. Fino a che ci fermeremo a quello che fa il vicino o il suggerimento dell'amico saremo sempre suscettibili di errori molto gravi.

Non esiste una scorciatoia per portare a definizione questo processo, soprattutto dovrai farlo tu in prima persona incrociando più dati insieme per una percezione che sia chiara ed esaustiva. La cosa positiva è che ogni volta che completeremo questo processo su una micro-zona della città dove operiamo, questi dati li potremo conservare per il futuro e possibili nuove operazioni più avanti, andando a completare un tassello delle tante zone della città.

Non è necessario che tu faccia questo lavoro per tutte le zone, potrai farlo man mano che studi le operazioni sulle singole microzone: il quadro si competerà autonomamente col tempo, man mano che valuterai sempre più immobili e acquisirai maggiore esperienza. Un passo in avanti, ipotesi, previsione e verifica. Altrimenti, torna indietro e ricomincia. Ora hai tutti gli strumenti a disposizione: solo così potrai fare i necessari confronti e capire com'è posizionato il tuo immobile sul mercato e il relativo prezzo reale che potrai considerare per la rivendita.

Il team ("una squadra fortissimi)

Di un aspetto ti renderai conto piuttosto velocemente già alla prima operazione: fare tutto da soli è praticamente impossibile. Sicuramente avrai letto di molte storie di successo di grandi società che sono partite dal nulla e tutte hanno nelle loro parole un denominatore comune, *il team*. Senza il gruppo di lavoro, non è possibile raggiungere risultati degni di nota.

Avere, gestire *un team* di successo non vuol dire semplicemente avere un gruppo di persone che lavorano per te e con te: significa piuttosto avere un gruppo di persone con cui si ha una sintonia e una sinergia tale che dove non arriva uno, arriva l'altro.

Il rapporto che si instaura con il nostro team è la chiave di volta, circondarsi di persone positive, che condividono i nostri principi nel lavoro e dispongono di un'energia simile farà sì che come una grande orchestra tutti i componenti suonino all'unisono una musica meravigliosa.

Il lavoro dell'imprenditore immobiliare è un lavoro molto complesso, che richiede la conoscenza di un gran numero di materie e almeno che tu non abbia studiato 6 o 7 professioni insieme è impossibile che tu possa operare con successo completamente da solo.

Ogni professionista ha probabilmente dedicato la sua vita a una specifica disciplina e ha accumulato un'esperienza per te irraggiungibile, tale da poter essere per te un riferimento e un sostegno insostituibile. Altro elemento importante sul tema di come selezionare il proprio *team* è la capacità di gestire le difficoltà.

Ricordo una bellissima citazione Julio Velasco, che fu allenatore della nazionale italiana di pallavolo, che diceva: *"Io cerco schiacciatori che alzano palle alzate male"*. In particolare, si riferiva al fatto che tutti gli schiacciatori della sua squadra invece di pensare a come schiacciare le palle, sia quelle alzate bene, sia quelle alzate male, erano grandi esperti di alzate e di come dovevano essere fatte per far sì che potessero essere schiacciate come si deve. Il che è un controsenso. Sono tutti capaci di schiacciare palle alzate perfette, meno quelli che sanno gestire le palle alzate male e portarle a diventare un punto.

Questa citazione mi è sempre piaciuta e può essere applicata al nostro *team* in maniera identica: tutti i notai sono capaci a stilare un atto, più rari sono quelli che gestiscono un saldo e stralcio con tranquillità; tutti gli investitori di capitale sono pronti a investire in pieno centro su un immobile a metà prezzo, più difficile è trovare un partner su operazioni con problematiche da gestire e in zone intermedie.

Per questo motivo, prima di scegliere un professionista lo metto sempre all'opera su un lavoro di test, dove abbiamo la possibilità concreta e reale di conoscerci vicendevolmente e poter saggiare gradualmente le capacità e l'empatia. Vediamo quindi, insieme da chi deve essere composto il tuo gruppo di lavoro con cui interfacciarti ogni volta che tratti un acquisto o che valuti di acquistare:

- l'impresa di ristrutturazioni: che tu voglia o no, ti troverai molto presto a dover ripristinare un immobile, da una semplice imbiancatura alla completa ristrutturazione degli ambienti. Riuscire a trovare un'impresa che abbia il giusto compromesso tra qualità del lavoro e prezzo è la vera chiave per fare la differenza su una buona operazione. Il mio consiglio è di affidarti a una ditta seria piuttosto che gestire tanti artigiani singoli come imbianchino, gessista, piastrellista, parquettista, idraulico e così via, lasciando il compito di coordinare tutte queste figure al titolare della ditta che sarà il nostro unico interlocutore. Ci costerà qualcosa in più, ma concentreremo il nostro focus e tempo sulle ben più importanti operazioni immobiliari;

- l'agente immobiliare: il nostro più grande alleato. È il nostro uomo di fiducia, la persona con cui dovremo lavorare a stretto contatto.

Non solo ci aiuterà nella fase di vendita degli immobili che avremo acquistato, ma sarà lui stesso che dopo alcune operazioni ci contatterà per proporci acquisti interessanti. Quindi un rapporto bilaterale e stretto, preziosissimo dove l'uno aiuta l'altro;

- il geometra: molto presto ti accorgerai che questo professionista è fondamentale: modifiche catastali, frazionamenti, fusioni, cambi di destinazione d'uso sono il pane per il geometra. Sono operazioni che dovrai affrontare costantemente. Consultarlo può essere determinante per valutare una potenziale operazione;

- avvocato: probabilmente non ne avrai (spero) bisogno alla prima operazione e forse nemmeno alla seconda, ma molto presto, soprattutto per valutare le operazioni più complesse, come ad esempio i saldi e stralci;

- home stager: figura ormai indispensabile, vendere una casa vuota e vendere una casa arredata è completamente un'altra storia. Non solo venderai ad un prezzo più alto ma anche molto più velocemente. A differenza dell'arredatore che acquista l'arredamento, l'home stager allestisce l'arredo a noleggio e una volta venduto si riprende tutto il mobilio e l'oggettistica con una spesa indubbiamente minore;

- property finder: è la persona che ti aiuterà a trovare i buoni affari. Tante volte può coincidere con l'agente immobiliare, ma in realtà questa è una professione a sé stante: sulla base dei tuoi criteri questa persona cercherà gli immobili per te, dietro provvigione. Inutile dire che è un preziosissimo alleato come l'agente immobiliare;

- notaio: figura spesso sottovalutata perché "tanto deve solo firmare gli atti" in realtà è molto preziosa per vari motivi. È la persona a cui le parti sia venditrice che acquirente si affidano con la massima fiducia per essere tutelati, ancor più che all'agente immobiliare. Si tratta di un pubblico ufficiale, quindi è importante che instauri e mantenga in tutti gli atti un clima di tranquillità e serenità sempre, anche nelle compravendite più complesse, delicate come i saldi e stralci o le cessioni di compromesso. È molto importante avere un notaio di fiducia e collaudato, in modo da utilizzare sempre lui se possibile anche in fase di vendita. Non vergognatevi a richiederlo in sede di proposta di acquisto anche se siete venditori;

- architetto: imparare a gestire e razionalizzare gli spazi a volte è fondamentale, specie per gli immobili piccoli o tagliati non proprio perfettamente. L'architetto è un ottimo complice per rendere vivibile al massimo il nostro ambiente;

- giardiniere: sembra stupido, ma a meno che non abbiate uno spiccato pollice verde, se ti capita per le mani un'operazione con un giardino, meglio affidarsi ad un esperto del settore. In una grande città il giardino può fare valere la tua casa anche il 50% in più del suo valore e non possiamo permetterci di presentarlo in maniera approssimativa. Meglio investire due euro in più per poi recuperarne dieci;

- ingegnere-strutturista: se ti stai approcciando ad un'operazione più complessa come demolizione e ricostruzione di un fabbricato o di modifiche a elementi portanti, non potrai fare a meno di questa figura per compiere tutte le operazioni a norma di legge e fare in modo che la struttura sia sicura e solida in ogni suo punto;

- il fabbro: indispensabile nella nostra attività, in quanto esperto di serrature. Un buon fabbro è colui che è abbastanza celere da intervenire alle chiamate senza dissanguarvi, e che non svegli tutto il palazzo ad ogni intervento. Preciso, ordinato e disponibile;

- geologo: in base al regolamento urbanistico della tua città potresti avere bisogno di lui. A Milano è obbligatorio se vi approccerete ai cambi di destinazione d'uso, che io adoro. Senza il geologo il cambio non è possibile, perché dovrà eseguire un'indagine preliminare ambientale (carotaggio) per verificare la salubrità del terreno;

- il serramentista: normalmente la ditta che contatterete per eseguire i lavori di ristrutturazione potrebbe già fornirvi un preventivo completo di tutti i materiali, compresi i serramenti. Ma se volete passare ad un livello superiore potete scorporare questa voce e trovare un serramentista per conto vostro. I serramenti sono una delle voci che più pesano fra le spese del conto economico, e trovare una società seria che costi meno delle altre potrebbe realmente fare la differenza sui conti finali. Personalmente ho individuato dopo anni di prove e selezioni una ditta estera che mi spedisce i serramenti e fa la posa permettendomi un risparmio del 30% rispetto ai tradizionali serramentisti italiani;

- partner finanziatori: che tu abbia a disposizione zero capitali o molti, è probabile che prima o poi i fondi finiranno, e per aumentare il numero delle tue transazioni avrai bisogno di partner che vogliano con te partecipare attivamente col capitale per svilupparle. Inoltre, lavorare con le banche è spesso complicato. Ottenere un finanziamento su un buon business che hai agganciato, potrebbe rivelarsi un'impresa più lenta del previsto. Spesso per agganciare un buon affare bisogna bloccarlo in poche ore e i tempi bancari poco si conciliano con un mercato così veloce e mobile. Per poter padroneggiare un mercato cosi fluido è necessario essere veloci e dinamici, e spesso il miglior modo per esserlo è operare con capitali propri o di altri che come noi vogliono partecipare alle nostre operazioni. Mantieni una buona rete di relazioni per coinvolgere più persone e dare la possibilità di guadagnare tutti insieme dividendo la torta. Non essere avaro, perché tutto tornerà con gli interessi.

Capitolo 3:
Come calcolare i rischi in un'azione immobiliare

Il nemico numero uno sei tu

Voglio intanto farti i miei complimenti se sei arrivato fino qui, poiché avrai acquisito un kit importante per cominciare a fronteggiare le tue sfide immobiliari. Avrai fatto tesoro dei miei consigli, dei miei errori, di modo che tu possa evitarli e non ripeterli. Ora che hai preso conoscenza delle basi delle tecniche e delle possibilità che ci sono e che vanno solo sfruttate, cosa potrebbe mai fermarti in questo cammino?

Ti darò un indizio, non è nulla di esterno a te. Sei tu. Esatto, il più grande ostacolo che si frappone fra te e l'indipendenza finanziaria è dentro la tua testa. Il nostro cervello è infatti un meraviglioso computer che funziona per stimoli.

Per prima cosa dobbiamo sapere che è programmato per rispondere alle domande che noi stessi gli poniamo. Quindi grandissima attenzione deve essere posta su quali domande facciamo, per esempio se io chiedo al mio cervello computer: in che modo posso arrivare alla fine del mese? Il mio cervello risponderà trovando soluzioni estemporanee come ad esempio piccoli lavoretti saltuari.

Ma se invece chiedessi al mio cervello: in che modo posso essere libero finanziariamente? A questa domanda probabilmente risponderebbe cercando traccia di chi ha già raggiunto questi risultati e cercando percorsi formativi come corsi, libri o semplicemente incontrare qualcuno che lo è diventato e poi insegnarci come fare. Un grandissimo *"sliding doors"* con una serie di azioni diverse che scaturiscono da una semplicissima domanda posta in maniera differente.

Incredibile vero? Questo è il potere delle domande accoppiato con l'efficienza del nostro cervello. Ma il nostro cervello nella sua meraviglia può anche giocarci brutti scherzi se non gestito con attenzione. Abbiamo detto, infatti, che è un fantastico computer che, nel nostro specifico interesse, è programmato per evitare il dolore e cercare il piacere.

Inconsciamente quindi siamo attratti da tutto ciò che non è faticoso e che possa gratificarci facendo il meno sforzo possibile. In pratica è una efficientissima macchina che risparmia il più energie possibili in funzione del risultato, cercando di minimizzare i consumi. Inutile sprecare energia se non strettamente necessario, fantastico no?

Il problema che si interpone immediatamente e come puoi immaginare, è che in qualunque ambito della vita a cui sei interessato, dall'istruzione alla ricerca di un lavoro, al corteggiamento, alla vita di coppia, al mantenimento della forma fisica, alla migliore dieta o stile di vita, questa strategia che tanto piace al nostro cervello, non produce buoni risultati. Fare poca fatica in questi ambiti non è esattamente la migliore ricetta che possa essere prescritta.

Quindi ti sollevo dalla coscienza, non è totalmente colpa tua. A un certo punto però, se vogliamo ottenere i risultati che abbiamo in mente, dovremo effettuare una forzatura di questo meccanismo auto sabotante e inconscio. Purtroppo, non esiste una scorciatoia al raggiungimento di questi risultati.

In qualsiasi ambito tu voglia raccogliere i frutti, dovrai effettuare azioni poco piacevoli, costanti e ripetitive, che nulla hanno a che fare con la gratificazione istantanea, anzi sono addirittura opposte. Poche sono quindi, le persone disposte ad abbracciare il fastidio e il dolore in vista di un traguardo futuro. Non è per tutti, ed è il motivo principale per cui non tutti hanno successo nel campo in cui operano.

Chiunque stia cercando di convincerti che esistano scorciatoie per evitare la fatica, ti sta truffando o ti sta mentendo. Chiunque abbia costruito il proprio successo dal niente potrà assicurarti che non è stata una passeggiata, non ti affannare a cercare altre risposte e non sprecare il tuo tempo, così è.

È un po' come andare in palestra: quanti amici conosci che si sono iscritti, hanno pagato e poi sono andati solo le prime settimane? Ti sei chiesto il perché? Il cervello ha risposto alla domanda "In che modo posso dimagrire" indirizzandoci alla palestra, abbiamo pagato facendo un acquisto e di questo siamo stati gratificati pensando che con un passaggio di carta potessimo risolvere il problema. Quando poi siamo effettivamente entrati in palestra, cambiati e saliti sul tapis roulant per un'ora, abbiamo testato il dolore, quanto fosse faticoso e abbiamo associato l'andare in palestra a qualcosa di assolutamente negativo nel nostro cervello.

Abbiamo purtroppo constatato che dopo 2 o 3 sessioni non era cambiato assolutamente nulla e il nostro cervello ci mandava impulsi che questa attività era dolorosa e inutile dal punto di vista del dispendio di energie. Tutto ci indirizza verso un allontanamento in futuro da questa attività. Non è forse così? Investire in immobili e scovare un buon affare è esattamente paragonabile alla palestra. Credi di poter trovare un buon affare dopo 2 o 3 tentativi? Sei esattamente l'omino sul tapis roulant che si è iscritto in palestra e smetterà di andarci molto presto.

L'attività invece, richiede una semina costante, una serie ripetuta di tentativi, strutturati e continui, nel tempo. Questo è il grande segreto che fa la vera differenza tra chi ottiene i risultati e chi non li otterrà mai. In un certo senso ha a che fare con la testardaggine. Il 99% delle persone si arrende non appena i giochi si fanno duri, non appena hanno il contatto con il dolore. Mi piace vederla come una grande selezione naturale.

Millenni fa le creature che non disponevano delle caratteristiche utili alla sopravvivenza soccombevano e morivano, mentre quelle che meglio si erano adattate e con le migliori "skills" sopravvivevano.

Oggi non è molto diverso, con la differenza che, nella società civile non ci si uccide più l'un l'altra come una volta, ma ci si contende le risorse attraverso il denaro, che altro non è che un veicolo che si sposta in maniera invisibile verso quegli individui che meglio si sono adattati, che dispongono delle capacità e caratteristiche tali da fornire un servizio o un prodotto che altri vorrebbero da noi.

Nel caso dell'immobiliare può essere una semplice intuizione, una vecchia casa che nessuno voleva e che dopo il nostro intervento di riqualifica diventa appetibile improvvisamente a un gran numero di persone. Per questo le persone ci pagano, perché abbiamo offerto un valore che prima non esisteva o abbiamo risolto un problema che sembrava inestricabile. È quindi, fornendo un valore o un'utilità che generiamo ricchezza. Più grande sarà il problema che risolviamo e maggiore sarà il valore economico che riceveremo.

La trappola della sicurezza

Nel 2002 Paolo Legrenzi, Professore emerito all'Università di Venezia, ha svolto un esperimento: ha posto dieci domande ad un gruppo di persone e, per ognuna di queste domande, le persone dovevano rispondere con un intervallo di cui fossero sicure al 90%. Domande come: Da quante ossa è formato il corpo umano adulto? Quando è stata dipinta la Gioconda? Qual è stato il fatturato di Unicredit dello scorso anno?

Dieci domande a qualcuno che è sicuro al 90% dovrebbero dare come risultato 9 domande esatte su 10. Il campione intervistato invece ha risposto correttamente solo 6 volte su 10, a domande peraltro di cultura generale, non specifica. Questo, quindi, spiega che quando solitamente siamo sicuri di una cosa, in realtà è molto meno sicura di quanto pensiamo. Questo fenomeno è noto nella letteratura scientifica come *"overconfidence"* tradotto più semplicemente come: l'eccessiva sicurezza in noi stessi.

Quante volte ci è capitato di sentirci un po' più bravi degli altri? Uno studio recentemente pubblicato riporta che il 93% degli automobilisti ritiene di guidare meglio dell'altra metà della popolazione e che il 99% degli italiani avrebbe calciato meglio "quel rigore" che il calciatore di turno ha fallito.

È uno dei motivi per cui negli Stati Uniti la maggioranza dei nuovi imprenditori crede che la propria impresa avrà una probabilità di successo superiore al 70% mentre 2 nuove imprese su 3 falliscono entro il quarto anno di vita.

Un altro caso emblematico fu nel 1997 quando il governo scozzese stimò i lavori di ristrutturazione del nuovo palazzo del parlamento mettendo a budget 40 milioni di sterline. Cifra che già 2 anni dopo fu rivista a 109 milioni, che diventarono 241 nel 2001, 295 nel 2002, per essere poi completato nel 2004 con un costo totale di 431 milioni di sterline.

L'overconfidence è quindi uno dei nemici principali anche per molti investitori, e il settore immobiliare non fa eccezione. È un rischio meschino che si fa via via più subdolo nel momento in cui meno ci si aspetta, ovvero quando abbiamo inanellato già le prime operazioni immobiliari e abbiamo già chiuso con successo diverse operazioni.

È lì che si nasconde l'insidia più grande, quando sembra che tutto possa sempre andare bene, per il semplice motivo che finora tutto è andato come doveva, questa è una follia. I più grandi flop finanziari sono accaduti per questo motivo, non solo nell'immobiliare ma per esempio anche sul mercato azionario: essere convinti del trend di un titolo perché fino a quel momento è salito, è un ottimo modo per suicidarsi finanziariamente. Gli immobili su questo non fanno eccezione.

Se infatti, nelle prime fasi dell'investitore immobiliare l'attenzione ai dettagli è massima e capillare, i controlli sono numerosi e ripetuti, una volta che si acquisisce una certa esperienza, famigliarità con gli strumenti e ferri del mestiere, la tendenza rischiosa è quella di sottovalutare tutte queste fasi e tendere a saltare i passaggi, in un eccesso di sicurezza e sull'onda crescente di un ego rafforzato.

Paradossalmente quindi, il rischio più insidioso riguarda i navigati più che i principianti, che invece tipicamente vanno incontro a rischi di altra natura. Conosco persone con una certa esperienza sulle spalle, che hanno bruciato decine di migliaia di euro perché hanno ritenuto superfluo saltare dei passaggi come fare una visura ipotecaria, trascrivere un preliminare, fare i dovuti controlli sui creditori o fare un'ulteriore verifica sul valore di un determinato immobile. Purtroppo, ho imparato spesso anche a mie spese, che le scorciatoie non sono un buon modo per arrivare all'obiettivo e se vengono prese lo si fa a proprio rischio e pericolo con tutto ciò che ne consegue.

È vero e sacrosanto che quando un buon affare immobiliare incrocia la nostra strada bisogna attivarsi immediatamente, senza perdere tempo, perché la giungla è piena di concorrenti affamati, ma è altrettanto vero che con disciplina militare non dovremo mai cedere alla tentazione di saltare tutte le procedure necessarie per l'analisi di quello che stiamo acquistando, indipendentemente da quello che ci sta dicendo l'agente immobiliare o mediatore di turno.

Tuttavia, *l'overconfidence* non ha solo svantaggi: è una vera e propria benzina per la nostra autostima, ci spinge ad agire, ci rende meno soggetti a depressione e momenti di tristezza nelle fasi più difficili. Ci fa insomma, rialzare la testa quando tutto sembra perduto.

D'altra parte, come disse il premio Nobel per l'economia Daniel Kahneman: *"Chi è molto sicuro di sé è più spesso allegro e felice rispetto alla media delle persone"* e addirittura sviluppa un sistema immunitario migliore, una vita più lunga. Inoltre, ci spinge ad essere più intraprendenti e ci fa apparire più simpatici e stimolanti nei confronti degli altri. *L'overconfidence* è quindi, sì un elemento pericoloso ma in piccola parte può anche presentare aspetti positivi, tutto sta nel dosare questo aspetto a un uso consapevole e prudente.

I rischi: quelli invisibili alle carte

E' cosa abbastanza nota che alle aste gli immobili vengano venduti con la formula "visto e piaciuto" e che quindi una volta acquistati venga comprato tutto il pacchetto, comprensivo di eventuali difformità o problematiche, senza possibilità di risarcimento e richiesta di nullità dell'atto. Per questo è importante sempre portare alla luce di noi stessi eventuali problemi.

Un'altra insidia invece è rappresentata dall'insieme dei rischi non connessi alla documentazione dell'immobile. Controllare le carte è fondamentale, verificare la situazione catastale, ipotecaria, comunale, sono sicuramente le prime cose da verificare; ma esistono altri elementi meno evidenti che possono mettere a rischio il tuo investimento.

Ricordo molto bene il caso di un mio studente che fece un acquisto di un appartamento in un quartiere interessante qui a Milano e di come mi raccontava le fasi dell'investimento e ne condivideva i vari aspetti e la bontà dell'operazione.

Sembrava tutto in ordine, la location, (come direbbero gli americani), il prezzo abbondantemente sotto il valore di mercato, situazione interna accettabile. Insomma, sembrava avere le carte in regola per essere una buona operazione.

Quando a un certo punto, studiando attentamente il territorio e le mappe, mi accorsi che l'immobile si trovava di fronte ad un fabbricato ritrovo di islamici, che regolarmente si ritrovavano proprio di fronte all'appartamento per svolgere le loro funzioni religiose e come luogo ricreativo. Resta inteso, che non ho nulla contro gli islamici e il mondo arabo. Ho avuto e ho tuttora diverse persone che lavorano per me di nazionalità egiziana, marocchina o similari e mi sono sempre trovato molto bene.

Ma ciò non toglie che quando minoranze etniche si insediano su un determinato territorio portano spesso conseguenze su quello che è il valore degli immobili di quella zona e sulla qualità dell'investimento che potrebbe essere fortemente inferiore, dettato dal fatto che chi comprerà in quella zona sarà al 90% un acquirente di quella specifica etnia e non un italiano. Quindi questo con tutto quello che comporta, compreso anche il fatto che potrebbe avere, statisticamente, problematiche relative all'erogazione del mutuo.

Quando capii l'errore mi arrabbiai non poco, perché una delle regole che suggerisco sempre di tenere a mente è quella di studiare bene il territorio, se necessario fare lunghe camminate e parlare con quante più persone possibili residenti che possano darci informazioni sulla vita di quel quartiere, dello stabile e di quelli vicini all'immobile che ci interessa.

È evidente che il mio studente non aveva avuto cura nel fare queste analisi che sono fondamentali, le uniche che realmente ci danno un quadro completo e reale della situazione della zona. Chiaramente una situazione di questo tipo è grave perché il valore di mercato degli immobili a ridosso di quel fabbricato, ritrovo di islamici, sarà un valore diverso e più basso dalle zone limitrofe intorno ad esso.

Ecco come aver sottovalutato questo aspetto può portare conseguenze negative sulla valutazione, che ovviamente non sarà più sui valori preventivati e risentirà di questo elemento anomalo. Elemento che ovviamente non può essere rilevato ad una prima analisi non approfondita. Chi potrà aiutarci in questo processo di analisi dettagliata del territorio è indubbiamente chi ci lavora ogni giorno, ovvero l'agente immobiliare.

È importante scegliere un agente che abbia l'agenzia nei pressi dell'immobile che vogliamo acquistare e che conosca perfettamente la zona: che non sia quindi un novizio in prova, ma che abbia una consolidata esperienza e possibilmente che abbia già seguito vendite nella via di riferimento.

Che possa quindi anche fornirci valori di vendita reali delle transazioni, e non solo quelli delle richieste economiche dei vari proprietari che propongono in vendita. Valori che vanno sempre epurati da una percentuale di trattativa che sempre rimane invisibile a noi che osserviamo le pubblicità degli immobili in vendita su internet.

Se non conosci già un agente di riferimento, costruisci la tua rete di relazioni passo dopo passo, e cerca di essere riconoscente all'agente che in fase di pre-acquisto e di analisi ti ha aiutato: è cosa giusta, se l'affare va in porto, affidare la vendita a quell'agenzia che ha speso del tempo per noi, e ci ha dato un supporto reale per l'acquisto. Essere riconoscenti paga sempre. Ma sulla figura dell'agente immobiliare che è fondamentale torneremo più avanti.

Un altro grande nostro alleato sono i custodi degli stabili: questi preziosissimi personaggi sono dei libri viventi che possono raccontarci ogni aspetto dello stabile e dei loro inquilini, per quello che riguarda il presente e il passato, le dinamiche diurne e quelle notturne, se gli inquilini sono tranquilli o rumorosi, se c'è qualche coppia sull'orlo della separazione che tutte le sere litiga come un orologio svizzero, se il condominio presenta cattivi pagatori o se c'è un amministratore poco attento ai conti o alle richieste dei condomini.

Tutto questo per noi ha un valore inestimabile e che difficilmente potremo rilevare dalle carte, ma solo da chi giornalmente ed effettivamente vive nello stabile che abbiamo inquadrato e che sarà la nostra "creatura", oggetto di tutte le nostre attenzioni e premure del caso.

Solo così, incrociando i valori dell'agenzia, del custode e di chi vive giornalmente l'area di nostro interesse, saremo sicuri di quello che stiamo acquistando senza sorprese spiacevoli, sapendo di aver approfondito ogni aspetto e potendo andare a dormire tranquilli di aver fatto un buon acquisto.

Alta e bassa marea

Chi mi conosce sa che non sono un'amante delle citazioni bibliche, ma in questo caso veramente ci sta a pennello: per gli imprenditori ma soprattutto per gli operatori del mercato immobiliare del cosiddetto *"flipping"* ovvero, di acquisto con rivendita più veloce possibile, esistono dei periodi che ciclicamente si ripresentano, di carestia o di vacche magre, ovvero di carenza, e altri invece di vacche grasse, ovvero di abbondanza.

Una prima spiegazione di questo fenomeno è interpretabile a livello macroeconomico: esistono cioè periodi in cui il mercato è più florido, caratterizzato da un aumento dei prezzi al metro quadro e un aumento delle transazioni totali, e periodi in cui la situazione è opposta. Tendenzialmente questi cicli hanno durata di almeno 5-6 mesi fino ad arrivare a 10-15 mesi.

Esistono decine di teorie di famosi economisti che cercano di spiegare il fenomeno e soprattutto di prevedere i prossimi cicli. Diventa quindi per noi fondamentale interpretare questi cicli prevedendoli e anticipando le mosse, decidendo di optare per una strategia di *trading* puro o di latenza, optando ad esempio per acquisti finalizzati alla locazione nei momenti di calo.

Poi c'è l'interpretazione microeconomica: quella che riguarda tutti noi più da vicino, che analizza i momenti in cui abbiamo più liquidità e più tranquillità dal punto di vista finanziario. La domanda che viene più spontanea da chiedersi è: ma perché avviene soprattutto per l'investitore immobiliare e non per esempio per un'altra professione o un'altra attività?

Sicuramente perché l'investitore immobiliare non vende penne, panini od oggetti di dettaglio ma vende *asset* più importanti, e per loro natura vendere questo tipo di *asset* richiede un tempo più lungo che per esempio vendere una brioche, che può essere venduta in tempi rapidissimi.

Quindi il tempo che intercorre tra l'acquisto e la vendita di un immobile generalmente richiede non giorni ma alcuni mesi, se siamo bravi, se siamo stati meno bravi e meno abili magari anche un anno o più. Quindi indubbiamente questa è la natura del business, che impronta anche la durata e questi periodi di ciclicità, di carenza e di abbondanza.

Ecco che quindi diventa fondamentale, soprattutto all'inizio, prevedere questa dinamica e quindi a pazientare a lasciare il lavoro tradizionale (se questo è l'obiettivo), o imparare a gestire queste due fasi, soprattutto nei primi momenti quando il volume delle transazioni delle case è ancora molto ridotto.

L'errore più comune per l'investitore immobiliare infatti, è quello di sottovalutare la durata del periodo di carestia, del periodo di vacche magre. Questa sottostima della durata del periodo di carestia può portare a diversi problemi finanziari, primo fra tutti ad esempio il non aver previsto che un certo creditore batta cassa per chiedere una certa somma, mettendo in difficoltà serie le finanze e la cassa dell'investitore immobiliare.

Una soluzione principale a questo tipo di problema non è altro che attivarsi preventivamente per ovviare alle problematiche che si presentano poi successivamente. Che cosa vuol dire? Significa attivare tutta una serie di strumenti nel periodo di abbondanza in previsione di quello che sarà il periodo di carestia, anche ovviamente a riserve straordinarie.

I due principali strumenti utilizzabili di natura finanziaria sono: una riserva di capitale che ovviamente non dovrebbe essere toccata se non in casi straordinari, sempre se ne abbiamo la possibilità, e la seconda è il fido di cassa, ovvero uno strumento da attivare nei periodi di tranquillità economica con gli istituti bancari.

Per i fidi è sempre meglio averne più di uno, possibilmente due istituti di credito almeno, proprio per avere della liquidità immediata nel momento in cui non ne abbiamo, e per essere meno esposti verso un solo soggetto che ricordiamo, sono strumenti quasi sempre sottoposti a possibile revoca improvvisa.

È molto importante farlo nei periodi di tranquillità economica, perché attivare questi meccanismi in periodi di carenza è impossibile: provate a chiedere un finanziamento o un mutuo quando non avete soldi e provate invece a chiederlo quando avete della liquidità. La differenza sarà sostanziale, quindi, attivarsi nei momenti di tranquillità e di abbondanza per essere tranquilli quando invece le cose saranno meno floride, quando avremo piantato il semino e saremo in attesa della pianta, del frutto.

Last but not least, altra importante strategia per ovviare a questo problema è invece quella sì di acquistare e vendere, ma di tanto in tanto acquistare uno o più piccoli appartamenti/stanze da mettere a reddito e mettere fieno in cascina per delle rendite.

Ho acquistato diversi piccoli appartamenti da 35/40.000 euro che fruttano rendite da 550/600 euro al mese sul mercato di Milano, appartamenti di tipo economico, ma preziosi per quello che riguarda il flusso di cassa, che possono darmi quel sostegno alle spese quotidiane, per una tranquillità maggiore, una libertà economica e mentale dagli assilli delle bollette e delle spese.

La scelta dell'inquilino diventa ovviamente determinante e una accurata analisi della persona, dei redditi, dello stile di vita, possono aiutarvi a dare un quadro più o meno completo della persona. Ultimamente poi stanno nascendo delle vere e proprie società di assicurazioni specializzate nel comparto che ci mettono al riparo dal rischio che l'inquilino non paghi, la paura sicuramente più grande per i proprietari di appartamenti che svolgono questo tipo di attività, terrorizzati dalla prospettiva di dover imbattersi in un lungo e costoso procedimento di sfratto.

Il flusso di cassa e la libertà

Abbiamo già visto nel dettaglio come un buon flusso di cassa sia determinante per una qualità della vita superiore e come una corretta strategia di acquisti possa cambiare la nostra situazione. Purtroppo, gran parte delle persone là fuori non ha alcuna pianificazione finanziaria di questo tipo. C'è un detto che dice: *"Non esiste vento favorevole al marinaio che non sa dove andare"*.

Mai detto fu più vero e saggio di questo. Sfortunatamente la gestione del denaro è una materia che viene totalmente ignorata e questo porta con sé una grande ignoranza. Gran parte delle persone se guadagna 1.000 euro al mese è molto probabile che spenda 1.000 euro nell'arco dei 30 giorni riferimento, nella migliore delle ipotesi.

Molti finiscono la disponibilità ancor prima che finisca il mese per il nuovo stipendio, trovandosi ad arrancare e vivendo una situazione di ansia e stress continuo che logora mente e corpo.

Cosa vuol dire questo? Che si genera un circolo vizioso come il cavallo che segue la carota legata davanti al suo naso. È necessario accumulare un piccolo capitale per poterlo reinvestire e nel caso appena descritto questo non avviene, con il risultato di entrare in un circolo senza uscita di carenza e di schiavitù da denaro.

La schiavitù da stipendio e da mancata pianificazione finanziaria è la peggiore delle dipendenze, un mostro da quale bisogna difendersi quanto prima, con una dovuta preparazione e formazione, dal momento che nel normale ciclo di studi scolastico del nostro paese non viene minimamente considerato e approfondito, come se fosse qualcosa di poco importante.

Ho sempre ritenuto che il nostro sistema scolastico formi discreti dipendenti, ma nulla è stato previsto per chi l'azienda volesse crearla da sé, e volesse costruire il proprio destino finanziario piuttosto che dipendere da quello di altri. Il concetto di flusso di cassa è legato indissolubilmente a quello di ricchezza, che è stato ampiamente dibattuto, perché è molto difficile definire qualcuno ricco o meno, proprio perché è un concetto relativo.

Cosa vuol dire ricco? Possedere più di 1 milione? 1 miliardo? O cosa? Con 2.000 euro al mese non sei certo ricco a Milano, ma lo sei probabilmente a Cuba. Un concetto quindi relativo nel tempo e nello spazio.

Ho sempre apprezzato il concetto di ricco come abbondante, ovvero di colui che ha introiti da rendite superiori di quanto effettivamente ha bisogno. Il ricco di questa concezione ha un flusso di cassa sempre positivo, che cresce indipendentemente dalle azioni della persona.

Il flusso di cassa invece del "povero" che non arriva a fine mese è sempre zero, se non addirittura negativo. Sono due cicli quindi opposti, l'uno costruttivo e auto-generante di nuova ricchezza continuativamente, l'altro distruttivo e negativo, in grado di fagocitare tempo e risorse fino all'annullamento.

Non riesco a farmi capace come un concetto così importante sia assolutamente ignorato e trascurato dal nostro sistema, ragione per cui è fondamentale carpirne il senso sin da piccoli, e agire nel modo corretto per costruire attivamente e positivamente un circolo virtuoso.

Gli immobili sono sicuramente la modalità migliore e più veloce per costruire ricchezza e *cash flow* positivo, attraverso l'acquisto di beni che possono essere messi a reddito e generare entrate automatiche. Ovviamente poi grande attenzione va posta sullo stile di vita, cioè allo standard di abitudini che si adottano e si mantengono, che deve essere obbligatoriamente proporzionato al flusso di cassa sopra descritto.

Ecco perché i vincitori di lotterie milionarie dopo pochi anni tornano nella situazione economica precedente, se non peggiore. La spiegazione sta tutta nella mancata gestione del flusso di cassa e della cultura finanziaria, con l'aggiunta che è molto più difficile adattarsi ad uno stile di vita inferiore una volta che hai saggiato il lusso e l'accesso, che ad uno standard di vita superiore.

Il flusso di cassa è quindi fondamentale tanto per il privato, quanto per l'imprenditore. Uno dei grandi fenomeni che vedo sui giornali, sul web o in tv è confondere il fatturato con l'utile. Spesso si sente affermare: "Il tale imprenditore ha un giro d'affari di xxx milioni euro" generando nella mente dei lettori o telespettatori la percezione di una persona molto facoltosa. Ma è proprio così?

A me piace dire che *il fatturato è vanità, l'utile è la ragionevolezza,* che rappresenta l'utile contabile visibile nel bilancio aziendale, e *la cassa rappresenta la realtà,* ovvero quello che realmente è nella cassa della società. Inutile dire, quindi, che grande attenzione va posta alla cassa e al margine che hai sulle tue transazioni, più che focalizzarsi sui volumi scambiati, ovvero il fatturato.

A volte si possono avere, infatti, fatturati molto alti e guadagni zero, oppure utile contabile buono ma molte fatture impagate. L'unica invece che non mente è la cassa, ed è il motivo per cui la battezzo *realtà*. Il flusso di cassa è determinante inoltre in tutti quei casi in cui dovrete chiedere un finanziamento bancario. Non è importante infatti, da quanti anni sei cliente di una tal banca, piuttosto sapere se hai una storia creditizia positiva con quell'istituto di credito.

Non è nemmeno molto utile far redigere un bilancino "benevolo" truccando il risultato economico del vostro esercizio dal vostro commercialista: oggi come oggi la positività o la negatività del risultato di una richiesta di finanziamento dipende esclusivamente da rigidi calcoli matematici slegando quindi i conti dalla capacità dell'imprenditore o del commercialista di turno di modificare i dati a piacimento.

Uno dei migliori modi per costruire un buon flusso di cassa nel settore immobiliare è costituito dagli introiti derivanti dagli affitti. Acquisendo quindi un appartamento che sarà offerto in affitto, si genererà una rendita semi passiva nel tempo, slegata dal nostro tempo e dal nostro lavoro. Non è un caso che le rendite generate dagli affitti piacciano molto anche alle banche, che ben sanno il potere di questo strumento e la relativa sicurezza.

Se avremo fatto un buon lavoro preventivo sulla selezione del nostro inquilino, la rendita da affitto sarà sicuramente uno degli strumenti meno rischiosi per la generazione di una rendita finanziaria. Non è un caso che generalmente preferisca fare selezionare i miei inquilini da agenzie specializzate che possano eseguire tutti i controlli del caso per poter fare una cernita accurata della persona che vivrà nei miei appartamenti.

Non solo, acquisire un immobile da mettere in affitto costituirà patrimonio della persona o della società, e potrà essere a sua volta oggetto di garanzia bancaria per l'emissione di nuovo capitale finanziato, magari proprio per l'acquisto di un nuovo immobile capace di generare nuove entrate automatiche.

Questo sarà in grado quindi di innescare e generare un circolo virtuoso di entrate a catena su più immobili, e *credit score* sempre più positivo a livello bancario che ci permetterà di ampliare il numero dei nostri immobili e il volume delle nostre entrate nella nostra cassa.

Capitolo 4:
Tecniche efficaci per il successo dell'impresa

Le aste immobiliari

Una delle obiezioni che mi sento più dire ogni volta che ho occasione di parlare di aste immobiliari o giudiziarie è che le aste sono troppo frequentate, che ormai non ne vale più la pena, che il prezzo sale troppo e cose simili. Ed effettivamente difficili lo sono.

Una delle motivazioni sicuramente è che le aste sono diminuite: analizzando infatti i big data di uno dei più importanti istituti di ricerca statistica, da gennaio 2017 ad oggi le aste sono calate del ben 40 per cento a livello nazionale e solo su Milano sono calate della metà ovvero da 4.000 a 2.000 unità.

Quindi effettivamente è diventato più difficile aggiudicarsi questi beni, ma qual è il motivo per cui le aste sono diminuite? La prima motivazione è il miglioramento generale della situazione creditizia, ovvero semplicemente le banche hanno ripreso a dare i mutui (incredibile ma vero), mentre la seconda motivazione riguarda la selezione che la banca fa del richiedente mutuo, ovvero la banca è molto più attenta ai requisiti che il richiedente deve avere.

La terza invece motivazione riguarda la crisi in generale: ovvero sono aumentate grazie all'allentamento della crisi le transazioni immobiliari. La quarta e ultima sicuramente riguarda la trasparenza: ovvero ci sono sempre più informazioni che è possibile scaricare e consultare su internet mentre qualche anno fa non era così scontato.

Ma non solo, è anche aumentato il numero di persone che attivamente si è avvicinato al mondo degli investimenti immobiliari, grazie ad una diffusione delle agenzie specializzate e dei canali di informazione stampa e web, oltre che ai vari formatori online e offline.

Ma quindi è davvero diventato impossibile comprare alle aste? La risposta è no, ma a patto di un piccolo segreto. Il segreto è quello di evitare le cose facili. Esatto, hai sentito bene. È inutile provare un'asta in pieno centro città, un appartamento ristrutturato, in un bel palazzo, di una bella metratura, e che parte da metà prezzo.

Sicuramente quell'asta arriverà quasi al prezzo di mercato se non addirittura al prezzo di mercato e avrai perso solo tempo. Tieni a mente infatti, che per l'investitore immobiliare le problematiche equivalgono alle opportunità, e mentre i privati di fronte ai problemi si spaventano e desistono, è proprio lì che l'investitore immobiliare interviene, ed è lì che fa la differenza.

Quindi lascia perdere gli immobili facili, conserva le tue energie, il tuo tempo e concentrati sulle problematiche, concentrati sui problemi che puoi risolvere ed è lì che farai la differenza. So di aste nella città di Milano, di case nemmeno troppo in centro, con 50, 60 o più partecipanti. Aste dove i delegati alla vendita erano così in difficoltà a gestire tanta affluenza da dover ricorrere a prendere in affitto una sala più grande che potesse contenere tanta inaspettata massa di offerenti.

Addirittura, ricordo una volta fu affittata una sala da cinema. Ora qualcuno potrebbe obiettare che tentar non nuoce, e che quindi vale sempre la pena fare un giro a provare.

Vorrei che queste persone potessero rispondere dopo che hanno perso più di un'ora solo per attendere che il delegato alla vendita aprisse tutte le buste e verificasse la loro validità, dopo aver impiegato il tempo a studiare tutta l'operazione, a verificare se l'acquisto è un buon acquisto o meno, se non ci sono problemi nascosti, ore e ore di studio per un singolo tentativo. Poi la gara, ancora attesa, e infine l'attesa per il ritiro degli assegni o dell'eventuale aggiudicazione.

Ora, forse se farai un tentativo l'anno potrebbe anche essere sopportabile, ma se come me vuoi raggiungere dei risultati concreti, dovrai fare diversi tentativi per riuscire ad aggiudicarti ad un prezzo interessante un immobile, e tutto questo diventa insostenibile. Non potrai più permetterti di perdere questo tempo sapendo già che non vincerai. Esattamente, hai sentito bene, non vincerai, la possibilità di vincere ad un prezzo di almeno il 30% sotto il prezzo di mercato queste aste è dello 0%.

Impossibile quindi comprare alle aste? Posso dirti che nel corso degli anni ho acquisito decine di immobili alle aste immobiliari e posso dire che ancora oggi resta una delle modalità di acquisto principali per trovare immobili scontati. Nonostante l'avvento di Internet, della digitalizzazione e l'avvento delle agenzie immobiliari specializzate nelle aste, è ancora possibile spuntare prezzi di tutto rispetto, a patto di non andare come le api tutte sullo stesso fiore.

Ai miei studenti insegno a fare i passi uno per volta e quindi prendere dimestichezza con questo strumento gradualmente. Le aste possono essere infatti, ritenute a prima vista più "facili" rispetto ad altre modalità di acquisto e in un certo senso lo sono, ma questa stessa maggiore accessibilità può riservare sorprese poco piacevoli se affrontate sottogamba.

Gli appartamenti che vedrai in vendita sono "visti e piaciuti" e nonostante ci siano spesso dei documenti a sostegno e una perizia, posso dirti che non sempre questi sono corretti, e bisogna fare molta attenzione a non fidarsi troppo di quello che si legge.

In questo momento le aste sono in una fase di grande cambiamento, con la digitalizzazione, l'introduzione delle aste telematiche, le nuove regole introdotte volte a una maggiore competitività per gli acquirenti, ed è fondamentale stare sul pezzo con queste nuove regole, per non farsi trovare impreparati e perdere un buon affare.

L'attuale momento post Covid sta già portando molte modifiche alle modalità di partecipazione, con particolare riguardo per le aste telematiche al fine di evitare gli assembramenti. Una delle aste che ricordo con maggiore intensità è quella a cui partecipai due o tre anni fa: acquistai un piccolo negozio in zona de Angeli a Milano e ricordo perfettamente che non appena misi piede internamente capii che aveva un enorme potenziale.

Il negozio era ormai in disuso, ma in precedenza era stato utilizzato come centro massaggi ed estetica. Non era molto grande, ma aveva una scala a chiocciola che portava al piano di sopra e apriva ad un altro ambiente con un bagno. Un altro elemento che mi colpì subito era che si trovava sotto un portico all'interno della strada, in una zona molto tranquilla e poco trafficata dal via vai di persone, e addirittura con affaccio su giardino condominiale a pochi metri.

Mi fu subito chiaro che un qualsiasi negozio con così poco passaggio di persone non avrebbe avuto nessuna chance di sopravvivere e quindi la sua appetibilità sul mercato sarebbe stata molto bassa. Al contrario un piccolo appartamento sarebbe stato perfetto: zona centrale, pochi metri dalla metropolitana, vista sul verde, tranquillità assoluta e distante dal rimbombante traffico milanese.

Fu così che quando mi presentai all'asta con mia grande sorpresa mi ritrovai da solo e acquistai quel negozio a poco più di 75 mila euro. Non appena ebbi le chiavi del negozio e mi feci approvare il progetto di cambio di destinazione d'uso, partii subito con i lavori di ristrutturazione e convertii quel piccolo centro massaggi in un bellissimo appartamento in poco più di due mesi.

La scala a chiocciola fu eliminata, per far fronte a una scala in muratura bianca, dove feci applicare dei faretti, uno per ogni gradino. Il soppalco fu ampliato, in modo da ricavare un'ampia camera che affacciasse sul verde e fosse rialzata rispetto all'ingresso come un confortevole "nido".

Nella sala ricavai un angolo cottura ad induzione circondato da piante finte stile edera e di fronte la zona relax con un divano e la tv a parete. Arredai tutto Ikea e il risultato fu notevole, con una spesa risicatissima trasformai quello che era un freddo negozio in una calda casa dotata di ogni comfort. Un anno dopo vendetti quella casa a 224 mila euro con una spesa per i lavori di poco più di 20 mila euro.

A chi mi chiede se le mie operazioni siano tutte così, la mia risposta è no, ma posso altrettanto dirti che non è un caso isolato e sono capitati molti episodi simili. Un elemento di grande attualità e allo stesso tempo di opportunità sono le aste telematiche: ovvero le aste che vengono celebrate non più dal vivo nelle sale degli avvocati, dei notai e dei commercialisti, ma online, così come vengono celebrate quelle di eBay tanto per intenderci, con la differenza che non compreremo un telefonino ma una casa vera e propria.

Perché sono così interessanti le aste telematiche? Semplicemente perché sono qualcosa di assolutamente nuovo, e come tutte le novità, portano scompiglio, soprattutto in settori come le aste immobiliari, che classicamente sono poco propense ai cambiamenti.

Va da sé quindi che solo coloro che saranno reattivi nei cambiamenti, a comprenderli ed interpretarli, saranno in grado di sfruttarle appieno. Ritengo infatti che sebbene la modalità di acquisto sia un grande passo avanti dei Tribunali nella direzione della democratizzazione delle aste per tutti, dall'altra si è subito reso evidente che il sistema presentava diverse falle e presenta ancora adesso alcune problematiche funzionali che rendono questa modalità da perfezionare.

Lentezza nei procedimenti di vendita, difficoltà di iscrizione per i partecipanti, problemi su alcuni terminali per la visualizzazione delle aste, sono tutte problematiche che hanno limitato l'uso fino ad oggi. In una situazione del genere quindi, dove ancora il grande pubblico fatica ad avvicinarsi e a prendere confidenza con questo sistema per ora poco "friendly" si sviluppa l'opportunità di cui parlavo prima.

Le aste telematiche sono ad oggi e per questi motivi, molto meno affollate. Coloro che si sono sforzati e adoperati al loro adattamento possono accedere a delle opportunità impensabili. Ma attenzione, non sarà sempre così, molto presto le persone si adatteranno, e probabilmente il sistema verrà migliorato, quindi come per tutte le opportunità, il tempo è poco. Io ti ho avvisato.

Una cosa che ho imparato nel corso degli anni e che mi sento di doverti trasferire riguardo le aste immobiliari, sono le perizie. Si sente spesso dire ai corsi e sui social, ormai ovunque, che le perizie sono fondamentali e rappresentano l'elemento principe e cardine su cui fare affidamento per il nostro affare immobiliare. Una sorta di libro divino su cui affidarsi ciecamente. In realtà posso dirti che i miei più grandi affari sono stati fatti partendo da perizie totalmente errate.

Esatto, spesso le perizie non sono esatte, e ancor più spesso sono incomplete. Com'è possibile tutto ciò? Prima di tutto le perizie sono scritte da persone, e come tutte le persone sono fallibili. Altre volte il perito non ha tutti gli elementi e i documenti per poter effettuare una perizia precisa ed esaustiva, quindi non si esprime in modo chiaro ed evita di sbilanciarsi, un po'come dire, piuttosto che dire sbagliato, preferisco non dire.

Non parliamo poi delle valutazioni. È raro trovare valutazioni immobiliari che siano corrette, sia perché spesso la perizia viene redatta molto anteriormente a quando noi la leggiamo e quindi non attualizzata ai valori del mercato immobiliare attuale, sia perché il perito è di solito un geometra, che nella vita fa appunto il geometra e non il valutatore immobiliare, cosa che lo rende per forza di cose molto esposto ad errori grossolani.

Che fare quindi? La perizia va considerata o no? Posso dirti che la perizia resta un documento valido e importante, ma ancor più certamente voglio dirti che se sarai tu il perito di quella procedura esecutiva, rifacendo i controlli ed approfondendo la situazione, potresti avere una marcia in più ed accedere a informazioni che altri non hanno, soprattutto in situazioni poco chiare e con documentazione incompleta.

Mi è capitato un immobile su Milano dove il perito dichiarava la non abitabilità, e dopo aver approfondito la documentazione storica con i tecnici giusti, avevo appurato che non era così come redatto in perizia. Il valore di questa informazione è stato immenso. La quotazione di un immobile non abitabile e quindi senza permanenza di persone è equiparabile ad un magazzino, mentre quello di un immobile abitabile ha il valore di una normale abitazione, quindi in questo caso specifico circa tre volte tanto. Ora capisci l'importanza?

È chiaro che diventare noi i periti di un appartamento non è una cosa che si improvvisa, ma studiando e applicandosi procedendo uno step per volta, ci porterà ad un livello di conoscenza superiore del nostro affare, conferendoci una maggiore sicurezza anche tra la giungla delle possibili opportunità immobiliari. Più informazioni hai, più armi avrai nella valutazione di quell'affare per poter spingere o meno sul prezzo in fase di gara. L'informazione è tutto.

La cessione compromesso

Le aste sono solo uno dei modi con cui è possibile acquisire immobili a un prezzo sotto la media di mercato. C'è un'altra modalità, molto chiacchierata tra gli addetti ai lavori e più curiosi del settore, che prende il nome di: cessione di compromesso. Si tratta della tecnica per acquisire e cedere un immobile senza mai intestarselo.

Tra tutte le modalità di acquisto, è quella che considero *la più democratica*, perché in qualche modo apre la platea degli investimenti immobiliari anche a chi non ha esattamente grandi capitali da investire, compravendendo case solo con un piccolo anticipo, e anzi in alcuni casi può essere eseguita anche senza capitali completamente.

Sì, hai sentito bene, ho detto anche senza capitali da investire. Questo apre scenari impensabili per tutte quelle persone che hanno sempre pensato che per investire in immobili c'è bisogno di grandi capitali, e che per tutti gli altri rimane un mondo lontano e chiuso ad una piccola nicchia.

Il più grande *"switch"* avviene quindi all'interno della testa, andando a cambiare quelle limitazioni e quelle barriere mentali che bloccano i pensieri e di conseguenza le azioni, con il risultato che non riusciamo mai a dare un reale cambiamento alla nostra vita mettendo in atto una serie di azioni differenti rispetto al passato.

Fantastico quindi Alberto, i capitali non servono più e posso comprare immobili sono con questa tecnica?

Devo innanzitutto metterti in guardia, perché se è vero che è la tecnica più democratica perché può dare accesso agli investimenti immobiliari potenzialmente a tutti o quasi, è altrettanto vero che la cessione di compromesso richiede una preparazione tecnica e di *mindset* superiore a molte altre tecniche conosciute.

Se poi parliamo di cessione di compromesso senza soldi, il livello di difficoltà cresce enormemente e paradossalmente riduce il numero delle persone che realmente la praticano a pochi eletti. Ma allora è democratica o no? È per tutti o per pochi eletti? La risposta passa inevitabilmente attraverso la preparazione.

La tanto chiacchierata cessione di compromesso è tanto più generosa e poco pretenziosa dal punto di vista dei capitali quanto più avida di preparazione tecnica e mentale, e in qualche modo l'una compensa l'altra, e come se la penuria di capitali fosse sostituita e compensata dalla preparazione.

Posso dirti che questa tecnica è probabilmente la più insidiosa proprio perché attira una platea di persone con pochi capitali da investire, il che di solito coincide anche con una platea poco esperta e preparata nel mondo degli investimenti immobiliari. Proprio queste persone più di altre, dovrebbero invece avvicinarsi ad altre tecniche dove è richiesta una preparazione minore e dove c'è un rischio intrinseco più basso.

Gli inglesi chiamano le parole ingannevoli che fanno sembrare un termine invece che un altro *"false friends"* e quando penso alla cessione di compromesso mi viene in mente questa similitudine, una tecnica che apre a chi ha pochi capitali e poca esperienza mentre in realtà è una creatura che va addomesticata con tecniche ben precise, che richiedono tempo e preparazione, dedizione e cautela.

Alcune delle più belle operazioni le ho chiuse in "cessione di compromesso", tecnica che può anche essere combinata ad altre come il frazionamento ed il cambio d'uso o il saldo e stralcio per creare un mix esplosivo di efficacia e redditività esagerata.

Se ti affascina questa tecnica, devi sapere che rispetto alle aste giudiziarie qui sono richieste diverse capacità, prima fra tutte la capacità di entrare in rapporto con le persone, di negoziare e trovare un accordo comune tra le persone coinvolte nell'affare, persone che saranno un minimo di 3, ovvero tu, il venditore e l'acquirente, e la persona che dovrà coordinare e soddisfare tutti sarai tu. Se poi come probabile ci sarà anche un'agenzia di intermediazione allora saremo almeno in 4.

Facciamo un esempio: hai acquisito un compromesso da Luca per un immobile che aveva dei problemi che avrai sapientemente risolto, per 80.000 euro. Ora invece di pagare gli 80.000 euro e poi pagare le spese e la ristrutturazione pagheremo solo una caparra di 20.000 euro per saldare i debiti del proprietario, poi pagare 10.000 euro per la ristrutturazione e rivendere tutto ad un terzo ad esempio a 120.000 euro.

Il nostro guadagno sarà la differenza tra gli 80.000 euro che saranno pagati al proprietario e la vendita a 120.000 euro, quindi totale 40.000 euro. Il bello è che avremo investito solo 20.000 euro più 10.000 euro di ristrutturazione invece di 90.000 euro nel caso in cui avremmo fatto un acquisto classico, e in più abbiamo risparmiato il 9% delle imposte catastali.

Ho fatto molte cessioni di compromesso ma voglio raccontarti una delle più belle, ma anche difficoltose, per dimostrarti la potenza dello strumento e anche come può facilmente complicarsi se qualcosa va storto. La realizzai a Milano in zona Porta Venezia. Il proprietario di un noto ristorante della zona si trovava in difficoltà economiche e aveva bisogno di vendere velocemente due bilocali di sua proprietà, anche a costo venderli ad un prezzo leggermente inferiore.

Nello specifico quest'operazione mi fu segnalata da un'agenzia con cui collaboravo ai tempi, e quando mi fu proposta l'operazione in una zona così appetibile mi fiondai alla velocità della luce per capire meglio di cosa si trattasse, ed eventualmente predisporre subito una proposta di acquisto.

La zona di porta Venezia infatti, per chi non conosce Milano, è una delle zone più richieste per via della sua posizione strategica, tra la commerciale corso Buenos Aires e la centralissima piazza san

Babila, rappresenta uno dei punti nevralgici della città e dei milanesi.

Acquistai due bilocali, al prezzo di 300 mila euro con un anticipo di 70 mila euro. Senza nemmeno rogitare mi accordai per cominciare i lavori internamente e dopo pochi mesi vendetti entrambi gli immobili per oltre 440 mila euro. La cosa fantastica che la liquidità effettivamente impiegata non fu di 300 mila euro più i lavori, ma di 70 mila euro più i lavori, utilizzando una leva finanziaria potentissima. Chiaramente non fu tutto rose e fiori.

Il problema principale fu che il proprietario dei due appartamenti aveva un'ipoteca sull'appartamento (piccola per fortuna). L'errore avvenne perché l'agenzia immobiliare a cui affidai il compito di effettuare una visura ipotecaria, mi assicurò che l'immobile era libero da vincoli. In realtà così non era, e questo ingarbugliò tutto. Oggi sicuramente eviterei una situazione del genere, in quanto richiedo che la visura mi sia consegnata direttamente, ma si sa, nessuno nasce "imparato".

Il problema si presentò nella sua gravità quando io cedetti il preliminare a due nuovi acquirenti che avrebbero voluto rogitare ma erano impossibilitati dal momento che l'ipoteca bloccava la transazione. Questo portò un ritardo nella chiusura dell'operazione di qualche mese e un piano di rientro per i venditori dal momento che dovetti anticipare la somma per estinguere l'ipoteca.

Al di là del problema che fu comunque gestito egregiamente nonostante la malafede dell'agenzia, l'operazione fu un successo e mi offrì una visione della potenzialità dello strumento ogni oltre immaginazione a patto di eseguirla con grande conoscenza ed esperienza. Non è un'operazione che consiglio a un neofita, quindi se hai intenzione di eseguirla, ti suggerisco vivamente di farti assistere da qualcuno, per sfruttare al massimo le potenzialità di questo strumento in sicurezza.

Il saldo e stralcio immobiliare

Il re fra tutte le modalità di acquisto immobiliare resta sempre e comunque lui: il saldo e stralcio immobiliare. Di tutte le tecniche e le modalità di acquisto di cui ho evidenziato finora, ne esiste una che sicuramente è la mia preferita.

Mi piace paragonarla ad una grande orchestra, dove ogni strumento va accordato e dove tutti gli strumenti e musicisti devono armonizzarsi e lavorare all'unisono per dare luogo a una stupenda sinfonia. Uno strumento senza l'altro non può stare, e un musicista che non suona insieme agli altri la stessa sinfonia non produce quel risultato artistico che invece viene reso possibile quando tutte le singole parti suonano come un'unica creatura. Questo è il saldo e stralcio immobiliare. Una tecnica tanto potente quanto pericolosa, se utilizzata da mani e menti inesperte.

Una tecnica che richiede necessariamente una serie di capacità di livello elevato, dalle capacità negoziali alle capacità relazionali e psicologiche, a quelle organizzative, alla reattività, per essere pronti dalla meditata quiete alla lucida azione in qualsiasi momento. E non solo.

Infatti c'è di più. Il saldo e stralcio è anche potenzialmente la più intrisa di valori umani fra tutte le tecniche: permette al proprietario della casa sotto pignoramento e quindi all'asta, di redimersi, di vedere cancellati i propri debiti, di avere l'irripetibile occasione di cambiare vita, di girare pagina una volta per tutte, libero da ogni debito, dando un colpo di spugna a tutto ciò che è stato negativo fino a quel momento, aprendolo a una prospettiva reale di vita nuova e migliore.

Cosa c'è di meglio quindi che fare buoni affari e aiutare chi è in difficoltà? Probabilmente nulla, ed è per questo che vivo il saldo e stralcio un po' come una missione. Mi capita ancora oggi di famiglie che ancora mi ringraziano dopo saldi e stralci chiusi anni prima, perché da quella triste situazione hanno avuto l'occasione irripetibile e insperata di cambiare vita.

Trovarsi sommersi dai debiti, con la casella delle lettere piena di solleciti di pagamento, telefonate di creditori a tutte le ore, i vicini e il condominio contro di te, che ormai nemmeno ti salutano perché tu sei il moroso della scala, il peso di mandare avanti una famiglia con i piccoli, e un pignoramento sulla casa che sta andando all'asta con una data fissata e ormai certa, questa è indubbiamente una delle situazioni più difficili e pesanti in cui potresti mai trovarti nella vita.

Ecco che quindi il saldo e stralcio rappresenta un ancora di salvezza, quella luce in fondo al tunnel che quasi non abbiamo osato sperare perché troppo audace. Ricordo perfettamente una delle più belle operazioni conclusasi attraverso il saldo e stralcio qualche anno fa, a pochi passi da piazza de Angeli a Milano. Il proprietario dell'appartamento era un personaggio assolutamente singolare e fuori dalle righe.

In aperta lite con il condominio per alcune questioni e reclami sulla natura delle spese, aveva completamente interrotto i pagamenti del condominio per un ammontare di circa 30 mila euro. Ma la cosa più anomala è come potesse vivere senza alcuna utenza, luce, gas per l'acqua calda o riscaldamento.

Non le utilizzava non perché non potesse pagarle, perché in realtà il proprietario in questione aveva un lavoro fisso più che decoroso che gli avrebbe permesso di pagare senza grossi problemi tutte le utenze. Eppure, aveva scelto di non farlo per qualche strano motivo.

Quindi, quando mi presentai al suo appartamento, notai subito che non c'era elettricità, perché il campanello non funzionava, non esisteva un frigo, tanto è vero che gli alimenti venivano "conservati" sul tavolo ammassati l'uno sull'altro con un odore terribile di marcio, totale assenza di apparecchi elettronici, computer e cellulare compreso.

Uno dei problemi più importanti successivamente fu infatti contattare il proprietario per concludere l'operazione, ragion per cui dovetti ogni volta andare a casa sua per qualsiasi comunicazione. L'appartamento era in condizioni terribili, il pavimento si presentava completamente ricoperto di vestiti e cianfrusaglie di ogni genere. Pile di dischi e videocassette più o meno piccanti, libri ammassati, vecchi elettrodomestici e strani oggetti poco identificabili erano praticamente ovunque, fino quasi a raggiungere il soffitto.

Quando poi parlando scoprii il suo lavoro capii tutto in maniera chiarissima: lavorava all'Amsa, Azienda Milanese di servizi ambientali per i rifiuti. Sostanzialmente girava col suo camioncino di raccolta dei rifiuti e collezionava dentro l'appartamento qualsiasi cosa riteneva interessante. Risultato? Più che una casa era diventata una caverna- magazzino.

Quando riuscii a raggiungere l'accordo con tutti i creditori la prima cosa a cui pensai fu di trovare un alloggio decoroso, pulito e con tutte le utenze attive per il proprietario, e dargli modo di ripartire con una dimora degna di tale nome e al quanto dignitosa. In più facemmo avere una somma cospicua per poter pagarsi l'appartamento in affitto per molti mesi.

Il proprietario fu contentissimo di potersi smarcare dal condominio odioso che tanto lo assillava e allontanarsi da quell'appartamento che ormai aveva ben poco di casa. L'operazione fu fantastica, l'acquisto fu completato a 42.000 euro e la vendita, dopo aver completamente ristrutturato l'appartamento a oltre 220.000 euro. Un gran risultato, vero?

Un altro elemento che giocò a mio favore fu che proprio durante la conclusione dell'operazione erano in atto la costruzione e installazione dell'ascensore e la completa ristrutturazione della facciata esterna del palazzo. Tutti questi elementi insieme e la tecnica del saldo e stralcio hanno consentito un successo davvero notevole, con buona soddisfazione di tutte le parti coinvolte, proprietario compreso, che ha avuto un ottimo ritorno economico e la garanzia di un cambio di vita finalmente dignitoso.

Acquisto del credito (NPL)

Gli NPL, detti anche crediti deteriorati o *Non Performing Loans,* rappresentano una modalità di investimento avanzata affascinante, che ribalta il concetto classico di investire in immobili.
Si tratta di crediti dalla riscossione incerta, in quanto il debitore potrebbe non avere la capacità di ripagare il debito e gli interessi dovuti, così come è incerta la previsione dei tempi dell'ipotetica riscossione.

I crediti per noi più interessanti sono quelli di tipo immobiliare, ovvero quelli costituiti da mutui immobiliari non onorati, dove però esiste per sua stessa natura, una garanzia forte come quella dell'ipoteca volontaria, o debiti dove esiste una garanzia immobiliare.

Mai come negli ultimi anni siamo stati bombardati, in tv o sui giornali, da notizie riguardanti i crediti deteriorati o i *Non Performing Loans,* sovente additati come radice di tutti i mali e causa in particolare della grande crisi scoppiata dopo il 2008 che ha sconvolto tutto il mondo immobiliare e non solo. Mai come in questo momento, sulla scia della nuova crisi Covid-19, tornano protagonisti dei titoli dei giornali e dei tg in televisione.

Eppure, il mercato degli NPL è uno dei mercati più in crescita in assoluto, (solo in Italia a oggi esistono ancora 266 miliardi di NPL da gestire) e manca una vera e propria industria della trasformazione del credito deteriorato, un'industria che abbia come primo compito quello di fare tornare in bonis il debitore.

Di questo enorme *stock* di sofferenze pari al 13% del Pil italiano, 118 miliardi sono ancora iscritti nei bilanci delle banche e non ancora ceduti, 154 ceduti a fondi o banche specializzate che a loro volta cercheranno di rimetterli sul mercato, e solo 7 i miliardi recuperati in parte o cancellati.

L'Italia infatti è uno dei paesi con un sistema bancario gravemente malato, più di molti altri paesi, sia per una cattiva gestione delle banche che hanno operato senza una regolamentazione adeguata e senza garanzie sufficienti di solvibilità, e sia per la contingenza di un momento economico tra i più sfavorevoli degli ultimi 30 anni, che ha messo in difficoltà tantissime famiglie italiane.

Attualmente la situazione economica è sicuramente migliorata rispetto ad alcuni anni fa, ma ancora ristagnano strascichi importanti nei bilanci bancari, e la stessa BCE spinge gli istituti di credito a liberarsi dai titoli tossici per risanare una situazione che era diventata critica.

È in questo contesto che si crea quindi una straordinaria opportunità, perché le banche sono propense a liberarsi di questi crediti nel minore tempo possibile e alleggerire i bilanci dalle passività. Ma quali sono i vantaggi per il creditore?

1. Certezza del recupero del credito per quello che riguarda la cifra, senza le incognite derivanti da un'asta potenzialmente deserta.

2. Certezza del recupero del credito per quello che riguarda i tempi, senza dover attendere le lungaggini spesso infinite delle procedure esecutive giudiziarie italiane.

E per noi imprenditori e investitori immobiliari? Abbiamo la possibilità di acquistare un credito anche del 60% o 70% in meno rispetto al suo valore nominale creando un potenziale di guadagno senza precedenti.

È per questo motivo che i crediti NPL rappresentano un'opportunità vincente sia per gli istituti di credito cedenti che per gli operatori investitori, creando una sinergia *win-win*. I primi si liberano di un evidente e spinosissimo problema, mentre i secondi possono generare un enorme profitto con le opportune conoscenze.

L'acquisto del credito richiede un connubio perfetto di competenze di ambito immobiliare e legale, dove l'uno è indissolubilmente legato ed essenziale all'altro. Normalmente siamo abituati a pensare che ad esempio ad un'asta immobiliare più sale il prezzo durante una gara e peggiore sarà la nostra situazione, perché il prezzo salendo rende sempre meno appetibile un immobile e sempre meno un "affare".

La cosa straordinaria dei crediti, invece, è che più sale il prezzo di un immobile in gara e maggiore sarà il nostro guadagno. Incredibile vero? È esattamente quello che succede. Proverò a spiegartelo. Hai mai pensato cosa succede dopo che hai vinto un'asta? Solitamente hai alcuni mesi di tempo per effettuare il saldo, prezzo dell'immobile e dopo alcune settimane otterrai la piena proprietà dell'immobile.

Si, ma cosa succede ai soldi che hai versato? A chi vanno? Al tribunale? Sì e no, perché il tribunale altro non è che un contenitore del tuo versamento che poi a sua volta verserà al creditore. Se l'immobile infatti è all'asta è perché esiste un debitore ma anche un creditore, che tipicamente è una banca o un condominio (l'esempio più classico è quando non si riesce a far fronte alle rate del mutuo).

Quindi i nostri soldi, una volta passati dal tribunale che detrarrà le sue spese, finiranno nelle casse del creditore, cioè appunto la banca ad esempio. Se ora, noi invece di comprare l'immobile comprassimo il credito della banca cosa accadrebbe? Chi si aggiudica l'asta pagherebbe noi (che ci siamo sostituiti alla banca) e maggiore sarà il prezzo raggiunto in asta e che dovrà poi pagare, maggiore sarà il guadagno che fluisce nelle nostre casse. Fantastico vero?

Facciamo un esempio pratico. Abbiamo una procedura esecutiva per un immobile la cui base d'asta è stata fissata ad un valore base di 100.000 euro. Tuttavia, noi abbiamo una conoscenza del mercato immobiliare di quella microzona molto approfondita e sappiamo che il valore reale di quell'immobile è di 200.000 euro, cosicché decidiamo di acquistare il credito ipotecario accordandoci con l'istituto di credito che ce lo cede a 120.000 euro.

Una volta acquistato il credito decidiamo di attendere la vendita all'asta e il bene viene aggiudicato ad una cifra di 175.000 euro. La differenza tra 175.000 euro e 120.000 euro, al netto delle spese e tasse, sarà il nostro profitto. Quindi puoi intuire come in un momento di aumento dell'affluenza alle aste immobiliari, come negli ultimi anni, questo diventi uno strumento di una potenza straordinaria per generare utili senza alcun dispendio di energie.

Infatti, comprando il credito e non l'immobile eviteremo di doverci mettere mano con la ristrutturazione, con la vendita e con tutte le attività che normalmente utilizziamo quando abbiamo la proprietà fisica del bene. In questo caso, altro non siamo che acquirenti di un contratto e quindi non dovremo far altro che l'immobile venga aggiudicato in asta e attendere che il ricavato della vendita arrivi sul nostro conto corrente.

Grande attenzione deve essere fatta ovviamente a quali crediti abbiano la potenzialità per crescere o meno, per evitare che le previsioni siano sbagliate. È ovvio che quindi una corretta valutazione sta alla base dell'acquisto del credito così come nel caso dell'acquisto fisico dell'immobile.

Ma non finisce qui. Esiste una seconda via al semplice attendere la vendita fissata dal giudice. È possibile, infatti, richiedere l'assegnazione del bene immobile depositando istanza di assegnazione al giudice ai sensi degli articoli 588 e 589 cpc, se non vengono presentate offerte in sede di asta, ovvero se l'asta va deserta.

Incredibile? Sì, l'acquisto del credito ci dà quindi due strade potenzialmente percorribili impensabili con qualsiasi altro strumento o modalità di acquisto. Mai come in questo momento di post crisi Covid-19, dove le insolvenze sono purtroppo aumentate vertiginosamente, le banche hanno bisogno di cassa fresca e monetizzare i loro crediti sfortunati.

Ma ben presto le banche metabolizzeranno questi crediti deteriorati, lentamente ma inesorabilmente, e quello che oggi si può acquistare con una certa "semplicità", fra un anno o due potrebbe non essere più così.

Inoltre, con l'ultimo decreto emanato dal governo, le banche vendendo crediti in perdita, possono ottenere un credito di imposta del 20%, ragion per cui possono in qualche modo limitare le perdite di un'eventuale cessione a sconto di crediti, ed essere molto più propense a vendere a sconti mai visti prima. Questa è un'occasione che non si ripeterà nuovamente in futuro.

C'erano tempi in cui le aste erano oggetto di conquista di pochi coraggiosi operatori, imprenditori specializzati che facevano man bassa di immobili senza alcuna concorrenza in un mercato totalmente sconosciuto al grande pubblico. Oggi sappiamo che le aste sono molto più partecipate, c'è più concorrenza e c'è bisogno di una strategia molto fine per poter aggiudicare un immobile in asta ad un prezzo concorrenziale.

Lo stesso avviene adesso per il mercato degli NPL: questo è il momento d'oro per agguantare l'opportunità, dove la concorrenza è ancora limitata a pochi grandi fondi di investimento e dove non c'è ancora una massa di piccoli investitori specializzati. Ma non sarà sempre così, ben presto le opportunità si esauriranno e solo chi si sarà mosso tempestivamente avrà messo in cantiere mostruosi profitti con questo prezioso strumento.

Capitolo 5:
Deontologia dell'imprenditore immobiliare

Il potere del dare e la scienza applicata

Presso l'Università della California, a Berkeley, i ricercatori stanno sfidando le credenze di vecchia data secondo cui gli esseri umani sono fisicamente cablati per essere egoisti. C'è una crescente quantità di prove che mostra che ci stiamo evolvendo per diventare più compassionevoli e collaborativi nella nostra ricerca per sopravvivere e prosperare.

"A causa della nostra prole molto vulnerabile, il compito fondamentale per la sopravvivenza umana e la replicazione genetica è prendersi cura degli altri", ha detto Dacher Keltner, co-direttore del Greater Good Science Center della UC Berkeley. *"Gli esseri umani sono sopravvissuti come specie perché abbiamo sviluppato le capacità di prenderci cura di chi è nel bisogno e di collaborare"*.

Questo si oppone al modello di competizione "sopravvivenza del più adatto" di Charles Darwin, in cui ogni uomo deve badare a se stesso? Non è così, sembra. In "The Descent of Man", Darwin parla di benevolenza 99 volte, concludendo che l'amore, la simpatia e la cooperazione esistono anche nel mondo naturale, come il modo in cui un pellicano può fornire il pesce per un pellicano cieco nel suo gregge.

"Come ipotizzato da Darwin molto tempo fa, la simpatia è il nostro più forte istinto", ha affermato Keltner. Grafman ha condotto uno dei due studi a metà degli anni 2000 che hanno esaminato in quale parte del cervello risiede l'impulso di dare origine, facendo luce sul perché è così bello aiutare gli altri.

Entrambi gli studi hanno chiesto alle persone di fare donazioni a enti di beneficenza e hanno esaminato l'attività cerebrale, risultante utilizzando la risonanza magnetica funzionale (FMRI), che crea immagini dell'attività cerebrale, rilevando cambiamenti fisici come il flusso sanguigno risultante dall'attività dei neuroni.

I ricercatori hanno anche legato i risultati di questi esperimenti di *imaging* ai comportamenti quotidiani dei soggetti, chiedendo loro il loro coinvolgimento nel lavoro di beneficenza o la loro generale capacità di altruismo.

Grafman era più interessato a ciò che accadeva quando i soggetti donavano o opponevano la donazione a un costo per se stessi. Lo studio ha coinvolto 19 persone, ognuna delle quali aveva il potenziale per andare via con un piatto di $128.

Inoltre, hanno ricevuto un *pool* separato di fondi, che potrebbero scegliere di distribuire a una varietà di enti di beneficenza legati a questioni controverse, come l'aborto, l'eutanasia, l'energia nucleare, la guerra e la pena di morte. Un computer presentava ogni beneficenza ai soggetti di una serie e dava loro la possibilità di donare, di opporsi alla donazione o di ricevere un pagamento, aggiungendo denaro al piatto.

A volte, la decisione di donare o opporsi era costosa, chiedendo ai soggetti di prelevare denaro dal piatto. Hanno dato una media di $51 dal piatto e hanno intascato il resto. Si è scoperto che un simile modello di attività cerebrale è stato visto quando i soggetti hanno scelto di donare o di ottenere un profitto. In entrambi i casi, una zona del cervello verso la fronte, nota come corteccia prefrontale anteriore, si illuminò.

Quando Grafman e il suo *team* hanno chiesto ai soggetti di valutare il loro coinvolgimento caritatevole nella vita di tutti i giorni, ha scoperto che anche quelli con i punteggi più alti avevano il più alto livello di attività nella corteccia prefrontale.

I risultati hanno dimostrato che quando i volontari mettevano gli interessi degli altri prima dei loro, la generosità attivava una parte primitiva del cervello che di solito si accende in risposta al cibo o al sesso. La donazione colpisce due sistemi di "ricompensa" cerebrale che lavorano insieme: il mesencefalo VTA, che è anche stimolato da cibo, sesso, droghe e denaro; così come l'area subgenuale, che viene stimolata quando gli umani vedono bambini e partner romantici. ["The Giving Way to Happiness" (Stati Uniti, 2015)]

Se il nostro cervello si è evoluto per massimizzare la nostra sopravvivenza, perché siamo motivati ad aiutare gli altri nonostante incorrano in costi personali? È una domanda in corso che sconcerta i neuroscienziati e gli evoluzionisti. La risposta dell'economista James Andreoni è che le persone si impegnano in un "altruismo impuro": invece di essere motivati unicamente dall'interesse per il benessere dei destinatari della loro generosità, i "donatori di calore" ricevono utilità dall'atto di dare.

"Utility" è un concetto importante utilizzato dagli economisti per misurare l'utilità che un consumatore ottiene da qualsiasi oggetto o circostanza (ad esempio, quanto si gode un film, o il senso di sicurezza che si ottiene dall'acquisto di un catenaccio). L'utilità nel caso del dare è la luce calda, ovvero quella sensazione emotiva positiva che le persone ottengono dall'aiutare gli altri.

Moll ha detto che il loro studio del 2006 sostiene fortemente l'esistenza di una "calda luce" a livello biologico, che aiuta a convincere la gente che fare del bene può farli sentire bene. L'altruismo quindi non ha bisogno di essere solo un sacrificio.

Il loro esperimento ha fornito la prima prova che la "gioia del dare" ha una base biologica nel cervello, sorprendentemente, che è condivisa con desideri e ricompense egoistici. L'altruismo, suggerisce l'esperimento, non è una facoltà morale superiore che sopprime impulsi egoistici basilari; piuttosto, è cablato nel cervello e porta un senso di inaspettato piacere.

Una sorta quindi di "droga miracolosa" che attiva aree del cervello che rilasciano inaspettatamente la dopamina, neurotrasmettitore chimico del piacere, le stesse aree che rispondono quando si mangia un dessert o si ricevono soldi.

Appena approcciai l'attività di imprenditore immobiliare, non mi fu immediatamente chiaro questo potere sconfinato. Ero molto concentrato sull'obiettivo finale, sull'ottenere la migliore prestazione in termini di rendimento economico e di tempi. Credevo che in questo modo avrei velocizzato il processo di raggiungimento della libertà finanziaria e quindi mantenevo il focus su questo.

Molto presto però mi accorsi di quanti limiti avesse questo tipo di atteggiamento: non solo a livello emotivo non mi sentivo completamente bene con la coscienza e i miei valori, ma mi resi presto conto di quanto dovessi lottare per raggiungere ogni risultato e di quanto invece le cose si facilitassero integrando il dare al prendere, il restituire all'ottenere.

Molte volte sento persone dire: "Farò beneficenza quando sarò ricco", oppure "Darò ai poveri questa somma quando avrò vinto la lotteria". Io ho sempre creduto che non sia una questione di somme. È possibile devolvere una percentuale dei propri utili qualunque essi siano, in maniera proporzionale senza che possa pesare sul nostro micro-bilancio.

È incredibile il potere del restituire, in qualche modo si attiva un circolo laddove prima stava un vicolo cieco. È un'energia che torna, rinforzata e rivitalizzante, che amplifica i toni e apre porte insperate. Portare cibo ai poveri negli angoli freddi e bui della città è uno dei momenti che mi ha dato maggiormente nella vita.

Offrire a un proprietario di casa un sostegno concreto ed economico per ricominciare a vivere mi riempie di gioia e sapere che da quel momento potrà ricominciare a dormire perché libero dal pensiero dei debiti è quanto più di ogni altra cosa mi fa felice. Si dice che il denaro sia la radice di tutti i mali, che il denaro è sporco e portatore di problemi.

Per me invece è uno strumento, che utilizzato nella maniera corretta può risollevare situazioni disperate e donare energia positiva e serenità laddove fino a quel momento regnava il pessimismo e l'ansia di non sapere cosa accadrà domani. Come tutti gli strumenti anche il denaro può essere utilizzato in maniera positiva o negativa.

Se il denaro viene associato al potere, vuole dire anche poter fare delle azioni che siano di aiuto per gli altri, che in assenza non avrei potuto mai fare. Proprio in questi giorni stiamo ponendo le basi di quella che sarà la mia associazione benefica che avrà come specifico obiettivo quello di aiutare specifiche categorie di persone in difficoltà economica ed emotiva.

Senza denaro sarebbe possibile? Ogni associazione benefica è costantemente in cerca di denaro, perché hanno bisogno quotidianamente di cibo, mezzi di spostamento, servizi, utenze e strutture per andare incontro alle persone e raggiungere il loro obiettivo. Questo è negativo, quindi? È negativo avere una ricetta che segua valori fondamentali per produrlo? Anche per fare del bene è necessario produrre denaro e farlo in maniera sostenibile è quanto di più potenziante ed appagante possiamo fare.

Uno stimolo in più per attivarti a mettere in campo quelle azioni che messe insieme, costanti e massive, possono farti raggiungere i tuoi obiettivi, obiettivi che possiamo fare in modo che siano meravigliosamente personali e sociali allo stesso tempo, per aiutare noi nello sviluppo e nella crescita personale.

Allo stesso tempo, aiutare nella realizzazione di qualcosa che sia utile anche agli altri, per restituire qualcosa alla comunità di quello che abbiamo ricevuto, azionando così un circolo di energia virtuoso e potenziante, che è grato e che gratifica.

È un esercizio tanto meraviglioso quanto utile, che ci ricorda quanto abbiamo e quante cose diamo per scontate ogni giorno, solo perché non ci fermiamo mai a pensare che nulla è scontato, è quanto sarebbe diversa la tua vita senza.

Andare anche solo una volta a regalare un sorriso ai bambini malati di tumore in ospedale, ti restituirà quanto mai avevi immaginato, vedere la loro gioia, sapendo quante difficoltà ogni giorno devono e dovranno sopportare, ti riempirà il cuore come nessuna somma sul conto potrà fare.

Quando feci questa esperienza la prima volta mi cambiò molto. La salute è una delle cose che più spesso si dà per scontata. È una cosa di cui ti accorgi quando sei malato, non è vero? Eppure, normalmente non è una cosa di cui ci si preoccupa più di tanto, se non quando sei forzatamente a letto.

Ecco, vedere e aiutare chi è meno fortunato di noi non solo aiuta e restituisce energia positiva, ma ci ricorda le fortune che abbiamo, e che a volte dimentichiamo, portandoci, di tanto in tanto a fermarci e ad apprezzare tutto questo.

Il codice dei valori

Quando iniziai ad interessarmi al mondo degli investimenti immobiliari mi resi conto immediatamente che esistono varie modalità di approccio e per certi versi anche opposti tra loro. È un concetto questo che non vale ovviamente solo per gli investimenti immobiliari ma per tutte quelle attività che muovono grandi capitali in breve tempo e potenziali ingenti guadagni.

Gli immobili però, più di altri sono suscettibili agli approcci perché hanno a che fare con le case, e quindi la vita più intima e riservata delle persone. Sappiamo bene come la casa non sia solo un mucchio di mattoni disposti in maniera ordinata, ma sia prima di tutto un'emozione, o meglio un insieme di emozioni e di sentimenti positivi come familiarità, sicurezza, tranquillità.

Per questo, ho sempre ritenuto che questo focolaio di emozioni e sentimenti meritasse un grande rispetto, una sorta di devozione e tatto anche quando acquisto come investimento puro e semplice. Questa deferenza ha a che fare con il rispetto e semplicemente rispecchia come vorrei essere trattato io nella medesima situazione.

Dico sempre che questo è un lavoro delicato, e non è raro trovarsi di fronte a situazioni di difficoltà oggettiva. È molto facile approfittarsi delle persone in difficoltà, inermi di fronte ai problemi, che a volte si presentano improvvisamente da un mese all'altro. A volte, la vita ci presenta sorprese non sempre positive e non si fanno di certo annunciare, arrivano e basta.

Ho concluso decine e decine di investimenti immobiliari di successo. Tuttavia, ho sempre pensato che il denaro non fosse il fine ultimo della mia attività, quanto uno strumento per realizzare qualcosa di più elevato. Ho conosciuto diversi personaggi per cui il denaro era l'unico obiettivo e per raggiungere quello non guardavano in faccia a nessuno, compreso famiglie e bambini.

Mi sono sempre rifiutato di agire in questo modo, forse perché sono cresciuto anche io in un contesto di difficoltà o forse perché, semplicemente, i miei genitori mi hanno insegnato il rispetto per le persone e dei valori ben precisi. È questa la ragione per cui mi approccio agli investimenti immobiliari, certamente con l'obiettivo di generare un utile, ma secondo un codice di valori, un vero e proprio codice deontologico dell'operatore, un codice di condotta per questo tipo di attività.

Ognuno di noi è chiamato a rispondere a un codice di condotta e di valori sia per le attività personali che nelle relazioni con i terzi: clienti attuali e potenziali, collaboratori, concorrenti, proprietari di appartamenti con cui entreremo in contatto. I nostri valori definiscono ciò che siamo e rappresentano la guida nel lavoro e nelle decisioni che ogni giorno siamo chiamati a sostenere.

Il tratto distintivo della nostra persona è crescere preservando i punti di forza della nostra cultura in un ambiente di lavoro dove i valori fondamentali sono sostenuti costantemente nel tempo. A mio avviso sono sei di eguale importanza e si completano a vicenda:

1. onestà e integrità: operare con il più alto grado di integrità personale e professionale;
2. rispetto e sostegno reciproco: mantenere un ambiente di lavoro in cui conta il lavoro di squadra;
3. relazioni: costruire relazioni basate sul rispetto e la fiducia;

4. responsabilizzazione: lavorare con sicurezza di sé, flessibilità e libertà comprendendo che la fiducia e la responsabilità sono fra loro interconnesse;

5. trasparenza: indipendenza, professionalità, qualità e trasparenza nei rapporti con le persone sono le principali garanzie di obiettività e di pensiero critico che devono caratterizzare il nostro lavoro. Il nostro impegno deve essere volto a garantire ognuna di queste qualità attraverso azioni appropriate di cui periodicamente dare conto alla nostra coscienza;

6. fiducia: dare e ricevere fiducia è il più forte aggregante per un team che funzioni. La qualità della fiducia è strettamente connessa alla qualità del nostro lavoro.

In particolare, la fiducia è un concetto strettamente legato a quello di moralità. Viviamo in un mondo sempre più social e sempre più pubblico, dove le informazioni sono ormai alla portata di chiunque nel bene e nel male, e con sé anche la reputazione.

Se quindi il concetto di moralità responsabile di guadagnarsi e mantenere la fiducia accordata dalle persone è auspicabile, mai come oggi è anche assolutamente indispensabile. In qualunque business la fiducia è tutto, nell'immobiliare più che mai.

Ma perché? Semplicemente perché l'immobiliare è un lavoro di team, e non rispettare gli accordi tra i membri del tuo team ti sarà letale. Ti ho già raccontato di come sono partito, senza un soldo e con tanta passione, con la ferma voglia di imparare e lavorare sodo. Se anche tu sei in questa situazione, posso dirti che la tua più grande capacità deve essere quella di essere persona meritevole di fiducia.

Se non hai un soldo, trova un partner che possa mettere del capitale al posto tuo e fai in modo che questa persona possa fidarsi di te. È probabile che dovrai guadagnarti la fiducia di molte persone se vorrai fare più operazioni e imboccare la tua strada verso la libertà economica. Anche Milano, che è la seconda città più grande d'Italia, è relativamente piccola per quel che concerne il mondo degli investimenti immobiliari, e le persone che ruotano attorno agli investimenti non sono poi così tante.

Le persone parlano, esprimono giudizi, commentano, e le voci girano. Stai tranquillo che quello che farai nel bene e nel male qualcuno verrà a saperlo, e se non ti comporterai correttamente con i tuoi investitori e i membri del tuo team, non avrai lunga vita in questo campo. Dietro gli affari, le società, non ci sono cose, ma persone, individui con cui dovrai interagire e relazionarti.

È una sorta di grande videogame dove meglio giochi più guadagni punteggio. Mi piace vederla un po' così, e avere un ottimo *scoring* fra i tuoi investitori sarà la chiave per farti crescere come nemmeno avevi potuto nemmeno immaginare. È incoraggiante pensare che comportarsi in maniera integra, corretta ed etica porti risultati, perché mi fa pensare il mondo e la società in maniera costruttiva e positiva.

Grande attenzione quindi dovrà essere posta tanto più nelle fasi iniziali del tuo percorso, soprattutto se hai pochi o zero capitali come è capitato al sottoscritto. La fiducia poi ha una natura estremamente contagiosa: è singolare pensare come tutte le volte che avevo maggior paura di essere fregato poi è effettivamente successo.

Frequentemente invece le volte che ho concesso fiducia incondizionata, per esempio ai miei membri del team, ho sempre vista riconosciuta questa fiducia come elemento di grande valore. Chi la riceve infatti, si sente apprezzato, galvanizzato e valorizzato perché meritevole di fiducia. In qualche modo ha un valore educativo e valorizzante.

Ora non voglio di dire di concedere fiducia incondizionata a chiunque, ma voglio dire che se avete visto qualcosa di buono nei membri del vostro team e volete crescere con loro, è probabile che qualcosa di buono ci sia e concedere un po' di fiducia vi fare correre a velocità mai raggiunte. Hai mai pensato a quanto ti può costare la mancanza di fiducia?

Dovrai occupare il tuo tempo a proteggerti da qualunque cosa, password, conversazioni in segreto, contratti a prova di avvocato, accordi con miriadi di clausole e molto altro. In un clima di fiducia tutto il tempo che avresti dovuto impiegare a proteggerti potresti impiegarlo per produrre e fare risultati. È un po' come una zavorra al piede che ti rallenta i movimenti a una gara di velocità. Di quanto si può andare più veloci quindi?

Come diceva Stephen Covey, educatore, scrittore e uomo d'affari statunitense: "Alla velocità della fiducia". Covey approfondì con dibattiti e libri la questione per imparare da subito a fidarsi e a tornare a essere affidabili. La fiducia vista non come un atteggiamento buonista, ma come uno strumento concreto per misurare e migliorare i propri risultati.

Operare secondo precisi valori potrebbe sembrare una frase fatta ma ti garantisco che non è così: ritengo che non solo sia fondamentale per preservare la mia integrità e la mia coscienza, ma ritengo anche che sia estremamente utile. In che senso utile? Utile nel senso che se tutte le parti coinvolte sono soddisfatte emotivamente ed economicamente in qualche modo tutto torna indietro, la conclusione dell'acquisto sarà più rapida, spedita e senza traumi per nessuno.

Destinare una percentuale del nostro guadagno a chi perde una casa all'asta è una cosa che in alcune occasioni è bene ed è giusto fare. Aiutali a trovare una sistemazione decorosa e paga loro un certo periodo. La nuova casa è una cosa responsabile, sostenibile e porterà i tuoi affari a un livello di velocità e soddisfazione mai pensate prima. Niente sfratti, niente negatività, niente dolore, il mancato nostro guadagno sarà ripagato mille volte.

Ricordo ancora quando salvai dall'asta una famiglia nel comune di Parabiago, non lontano da Milano: i proprietari si trovavano in difficoltà con un debito accumulatosi a seguito di un prestito e le relative rate che non riuscirono più a sostenere una volta che negli anni della crisi il lavoro scarseggiava. L'asta era vicina e desiderio dei proprietari era di chiudere definitivamente con i pensieri e gli assilli della società creditrice, che ormai era diventata un vero incubo continuo.

Dopo settimane di trattative con il creditore procedente, riuscimmo a trovare un ottimo accordo a saldo e stralcio, e allo stesso tempo decidemmo di offrire una somma molto importante anche i proprietari (oltre 35 mila euro). Eravamo obbligati a farlo? No. Tuttavia abbiamo ritenuto fosse corretto, dal momento che l'affare ci avrebbe portato un grande guadagno e allo stesso tempo avremmo potuto assicurare un altro alloggio alla famiglia senza strappi e nella soddisfazione di tutti.

Fu un grande successo, economico ed emotivo, e la famiglia proprietaria, ci ringraziò per molti anni a seguire per averli aiutati nel momento del bisogno e averli tirati fuori dai guai, dando loro la possibilità di cambiare definitivamente vita e girare pagina una volta per tutte, lasciandosi alle spalle tutto il negativo fatto di debiti e chiamate di creditori. Una vita nuova. È il più bel regalo che possiamo fare.

Ecco perché credo fermamente in questo approccio e ritengo che sia fondamentale, perché legittima questa attività che nell'immaginario collettivo è spesso etichettata come sporca e senza scrupoli a funzionale, ai valori fondamentali delle persone, integra e utile, non solo a noi stessi ma anche agli altri.

Conclusione
Il valore condiviso

Se sei arrivato fino a questo punto, hai potuto apprezzare i più importanti "ferri del mestiere" per generare grandi guadagni con gli immobili. Hai appreso come il potere dei numeri e della scienza può addirittura sposarsi in moltissime fasi del processo di business immobiliare. Per poter accedere a risultati impensabili e a una vita che forse non avevi il coraggio di sognare.

Dopo tanti anni di esperienza sul campo, dopo decine e decine di operazioni concluse, mi sono chiesto: cosa potrei fare per aiutare chi vuole iniziare a generare guadagni con le case? Quali sono stati i bisogni, i blocchi che mi hanno rallentato, specie nelle prime fasi, quelle più delicate?

Per avere successo con gli immobili, esiste una ricetta semplice, che consiste di 3 ingredienti fondamentali, ognuno dei quali è indispensabile:

1. l'approccio mentale: individuare esattamente il tuo obiettivo e creare un piano d'azione, lavorare sui blocchi che limitano le tue azioni, facendo in modo che il tuo potenziale sia libero di esprimersi e generare azioni massive secondo una rigida autodisciplina che risponde a regole precise. Educarsi a rimandare la gratificazione in vista di un obiettivo superiore è un punto cardine del cambiamento a cui tendere. Voglio generare capitale da reinvestire in maniera continuativa? Voglio creare un sistema di rendite automatiche? Avere un chiaro obiettivo ti faciliterà il percorso per il raggiungimento.

2. Sviluppare competenze tecniche specifiche superiori alla media. L'informazione è la vera ricchezza che nessuno potrà mai portarti via e questo libro contiene informazioni che sono il frutto di anni di esperienza sul campo. Informazioni che ho sempre creduto andassero condivise in qualche modo, per poter creare sinergie, collaborazioni, e per poter restituire qualcosa avendo ricevuto tanto. Per questo motivo circa due anni fa ho cominciato a pubblicare online la mia vita sul campo di investitore con gli immobili sui vari canali social, da YouTube a Facebook, da Linkedin a Instagram. Sono stato tra i primissimi in Italia a mostrare qualcosa mai fatta prima. Non quindi, boriose lezioni di

teoria ma il giorno per giorno dell'operatore immobiliare. Ad oggi la mia community conta oltre 30.000 persone e milioni di visualizzazioni video. Ho creato il primo vero Incubatore e Acceleratore per aspiranti investitori e imprenditori immobiliari con una serie di soluzioni dedicate. Se vuoi approfondire queste e altre tecniche avanzate, potenziate col Metodo Scientifico Immobiliare, dal potere della statistica e dei big data, puoi accedere a un'area riservata sul mio sito dove poter continuare il percorso con uno strumento online dove spiego con video pratici e sessioni dal vivo con me e il mio Team Speciale tutte le fasi, passo-passo, su come generare guadagni impensabili con gli immobili e raggiungere l'obiettivo che sogni:

https://albertopapa.clickfunnels.com/msi-trova-operazione-immobiliare-30-giorni-optin-1

3. I capitali. Che tu parta con zero, con pochi o grandi capitali, molto probabilmente prima o poi ne avrai bisogno di altri. E nonostante sia possibile acquistare e rivendere immobili anche senza soldi propri, questo non è sempre possibile. I capitali servono sempre e per fare il salto di qualità e portare a segno numerose operazioni avrai bisogno di potenza di fuoco maggiore.

Quante persone abbandonano l'idea di investire con gli immobili per mancanza di capitale? Certamente molti, come capitò a me i primi tempi. È per questo motivo che ho affiancato ai percorsi di formazione personale e tecnica, uno strumento pensato sia per aspiranti sia per collaudati operatori in egual misura, per aiutare chi vuole operare nel settore immobiliare ma non dispone di sufficienti capitali.

Una sorta di Venture Capital o Business Angel dell'immobiliare. Perché se l'affare è valido, i soldi non devono essere mai un problema, e se al contempo possiamo aiutare e portare valore anche a chi è in difficoltà, il progetto raggiunge la sua massima realizzazione.

Ecco perché ho creato Valore Condiviso, che mette in contatto i proponenti e sviluppatori di operazioni immobiliari, con i finanziatori, con particolare focus a operazioni di derivazione NPL. Aste giudiziarie, saldi e stralci, crediti, sempre secondo un approccio guidato da precisi valori e nel rispetto dei debitori, dando loro un aiuto concreto.

Un progetto rivoluzionario che si pone come obiettivo di lasciare un segno, dando la possibilità alle persone di cambiare vita, e mai come prima, aiutando gli altri.